U0838056

New Microboss

微商5.0

新零售业态下的实体微商

蔡湫雨 著

中国经济出版社
CHINA ECONOMIC PUBLISHING HOUSE
北 京

图书在版编目（CIP）数据

微商5.0：新零售业态下的实体微商/蔡湫雨著.
北京：中国经济出版社，2018.6
ISBN 978-7-5136-5080-9

Ⅰ.①微… Ⅱ.①蔡… Ⅲ.①网络营销 Ⅳ.①F713.365.2

中国版本图书馆CIP数据核字（2018）第028520号

责任编辑　牛慧珍
责任印制　马小宾
封面设计　任燕飞

出版发行　中国经济出版社
印 刷 者　北京金明盛印刷有限公司
经 销 者　各地新华书店
开　　本　710mm×1000mm　1/16
印　　张　15.5
字　　数　208千字
版　　次　2018年6月第1版
印　　次　2018年6月第1次
定　　价　48.00元
广告经营许可证　京西工商广字第8179号

中国经济出版社 网址 www.economyph.com 社址 北京市西城区百万庄北街3号 邮编 100037

本版图书如存在印装质量问题，请与本社发行中心联系调换（联系电话：010-68330607）

版权所有　盗版必究（举报电话：010-68355416　010-68319282）

国家版权局反盗版举报中心（举报电话：12390）　　服务热线：010-88386794

序 言

PREFACE

2016年10月13日，阿里云栖大会在浙江杭州召开，马云在这次大会上说："纯电商时代很快会结束，未来的10年、20年，没有电子商务这一说，只有新零售，也就是说线上线下和物流必须结合在一起，才能诞生真正的新零售。"

这是新零售第一次正式出现在大众视野之内，而在"新零售"一词出现之前，无论是中国实业还是2010年高速发展的电商，都已显露颓势。

先说实体，"关店潮"在近两年席卷全球。

2016年，美国的沃尔玛在全球一共关闭门店269家；梅西百货2016年在美国关店超30家；英国的乐购在英国关店43家；法国的家乐福在中国关店5家（2015年在中国关店数量达15家）。其中最为典型的例子是曾经号称美国最好的百货公司"西尔斯百货"，2015年关店数量达235家，2016年关店数量高达80家，如今已经陷入巨额亏损当中。

截至2017年上半年，美国关闭的各种零售门店已经达到2880家，相关专家分析2017年美国大约有8640家门店将会关闭，这一预测数据已经超过了2008年全球金融危机时美国零售业全年的关店数量。

我们将目光从全球收回到中国。据不完全统计，2016年46家中国主要超市、百货零售企业共关闭门店185家，其中大型超市门店关闭129家，百货和购物中心关闭56家。这一数据只统计了主要大型零售企业的公开数据，所以实际零售企业关闭实体门店的数量远远超过上面的统计数据。

中国传统服装零售门店近几年的境况更是惨淡。美特斯邦威长期亏损，3年时间里一共关店1600家；波司登2015年关店达到5000家之多，2016年关店则达到550家；达芙妮2015年关店800多家，2016年则关店500家。

上面这一连串的数据都在告诉我们一件事情：实体零售业正在经历一场巨大的危机，并且这个危机不仅仅出现在中国，而是出现在全世界。如果没有适合的应对方法，那么未来实体零售业的前景将更加不容乐观。

而曾冲击实体，被认为是中国经济希望的传统电商和微商又如何呢？

最近两年时间，“电商红利消失”已经成为众多行业大佬们都在关心的一个话题。虽然现在问题还没有明显地暴露出来，但是稍有远见的零售从业者都已经发现了这一点：电商的红利正在逐渐消失，而且，电商红利早晚会消失殆尽，这就意味着今后流量成本将会越来越高，关于这点做过电商的企业都应该深有感触。

微商也同样是如此，在经过个体微商的1.0时代，野蛮生长、“面膜微商”盛行的2.0时代，其实到了品牌微商的3.0时代，微商的增长速度已经大不如前。

有很多经历过“黄金时代”的微商从业者对笔者说：微商最早的时候真的是遍地黄金，随便做点什么都能赚钱，但是近两年微商已经越来越难做了。

无论是传统电商还是微商，在经过几年的高速发展之后，几乎都已经覆盖到了所有消费者，市场和线上流量的格局都已经趋于稳定，也就是说传统电商和微商市场的上升通道基本已经关闭，新企业和散户想要在行业内有所成就已经非常困难。

当传统电商和微商的发展触及天花板，传统零售实体门店生存困难，时代呼唤新时代的实体店。在多重现实的作用下，注定未来将会有一种可以带动零售企业突破瓶颈的新模式出现，而这种新模式就是马云所说的新零售。

今天实体零售业的现状，就是未来纯电商和纯微商零售的明天。如今的电商零售行业和微商，都迫切地需要一种新的模式来改变这一现状。无论最终这些企业采用的模式是什么，有一点是这些企业都认同的：实业仍然非常重要，实体零售门店仍然是主战场。而融合了实体与虚拟、线上与线下的实体微商，将是未来微商的主力军。

笔者相信微商的未来将属于实体微商，一方面，实体微商有实业做强做大的根基；另一方面，微商早已进入属于实体微商的4.0时代，并正向着与新零售相结合的更科技化、更人性化、充分以消费者为中心、融合大数据和人工智能的实体微商5.0时代迈进。

马云在2017年的中国绿公司年会上说：“未来新零售将对传统零售业造成巨大的冲击，淘汰一大批传统零售企业，就像十几年前电子商务对传统商业模式的冲击一样。”

对于微商来说，只有已经将线上线下打通的实体微商才能转型新零售，只有实体微商才能实现新零售的设想：无论是以消费者为中心、大数据的全面应用，还是线上线下和物流相结合、完全打破场景限制的交易模式，都需要线下根基和线上网络的双重力量。

对于实体微商来说，软硬件都已具备。未来的实体微商，将完成从传统实体微商模式向新零售实体微商模式的进化。

未来的几年时间，是决定生死的关键——微商5.0时代是一个全新的时代，众多微商从业者、开始做微商的实体企业，都必须在摸索中前行。

目 录

CONTENTS

第7章 决战新零售：实体微商的未来方向

第 1 章

CHAPTER 1

正在爆发的微商5.0：微商正式迈入实体时代

1.1 细数微商的5个时代

微商1.0：微商初现，个人卖家为主

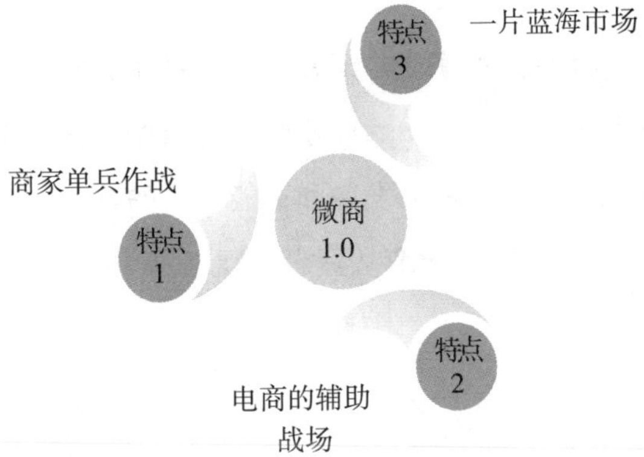

图1－1 微信1.0时代的特点

2012年是非常重要的一年。

这一年离淘宝成立已经过去了9年，电商猛烈地冲击着实体零售行业，众多个体户、小老板们，从忽视电商，到不得不加入电商的大潮。2012年，微信出现后，微商又来了。

很多实体经营者都面临着实体经营的困难，加上电商的冲击，不得

已，在亦步亦趋中开始做微商。

很快，微商这种模式迅速受到众多个人卖家的青睐。

不用任何成本，每天需要做的就是加粉丝然后发发朋友圈，这样的生意真好做，于是众多个人卖家开始纷纷加入其中。

消费者对于这种全新的销售模式也非常感兴趣。

通过一款聊天社交工具买东西，并且消费者每天都能够看到卖家发布的推广信息，于是微商同样得到了消费者的追捧。

这是微商 1.0 时代，从业者大多数为个体户、小老板，在手机有了移动 4G，微信、支付宝等移动支付出现后，他们加入了微商的平台。

一开始只是在朋友圈发发图，加加朋友——这些朋友一部分来源于网络，更多部分来源于线下的真实朋友和客户。

很快，微商从业者发现：这样也能卖货，而且卖得还不错。

每一种商业模式，在刚出现时都会经历一段黄金时期，这也是所有商业模式的发展规律。

在这个阶段，无论是商家还是消费者，都对模式有着强烈的新鲜感和好奇心，在这两种心态的作用下，商业模式可以得到快速发展，微商的出现也是如此。随着移动互联网的发展和智能手机的普及，中国进入了移动互联网时代，这又让早期的微商从业者享受到了一次时代发展所带来的红利。

在微商 1.0 时代，以个体卖家为主，个体户、小老板们单兵作战，而且成绩还不错。

其实和电商没什么不同，只是主要渠道是微信朋友圈。大多数卖家把朋友圈当成电商的辅助战场。

此时的微商正处于发展的初始阶段，可以说还是一片蓝海市场。

微商2.0：野蛮生长，“膜商”盛行

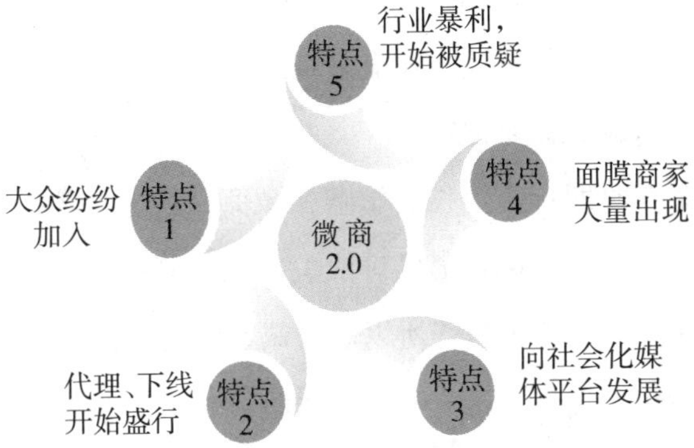

图1-2　微商2.0时代的特点

微商1.0时代仍然是小部分人的游戏，还没有正式进入大众视野，或者说，还没有形成气候和规模，大多数人只是把微信当作淘宝之外的另一个不太重要的渠道。

微商2.0时代则是微商的野蛮生长期，经过社交平台的传播，微商开始全面进入社会大众视野中。

在这个时期，不同群体都纷纷加入了微商行列。这些群体包括想要赚零花钱的高校学生、开展第二副业的公司白领、想要开启创业之路的青年创业者、开始尝试多渠道发展的小企业等。

在这一时期，团队作战开始出现，代理、下线开始盛行。

对环境变化较为敏感的人已经意识到移动互联网未来将会给微商带来无限的发展空间，猜测微商将会成为继电商之后，又一个改变市场、改变普通大众生活的新商业模式。微商也随着越来越多人的加入开始进入快速发展阶段，同时微商的主战场也开始由朋友圈向其他社会化媒体平台发展。

在这一时期，微商曾经的“标志物”，微商最具代表性的产品之

一——面膜开始兴起，无数微商从业者靠它赚了个盆满钵满。一片成本不到一元钱的面膜在微信上销售，价格可以翻几十倍甚至上百倍。

不少经历过这个阶段并获利颇多的微商从业者对笔者说："那个时候做微商赚钱太简单了，简直和伸手捡钱一样。"

这是微商的野蛮生长时代：没有任何监管，也没有多少竞争，借助微信人口红利的东风，赚钱非常容易。

不过受到2.0时期野蛮生长的影响，微商在快速发展的同时，也受到了不少的质疑，这将微商推到了风口浪尖之上。其中一部分人或因为以偏概全，或因为对微商不够了解，所以总是戴着"有色眼镜"看待微商。

微商被妖魔化，也是从这一时期开始的。

微商3.0：高速发展，品牌出现

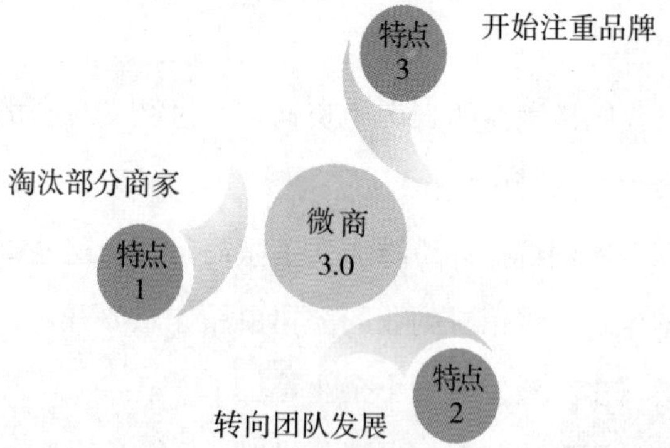

图1-3　微商3.0时代的特点

随着行业规模的日益扩张，微商开始逐步进入稳定发展阶段。在这个过程中，一部分缺乏足够竞争力的微商被淘汰出局，又有无数新微商进入。不过和2.0时代的跟风加入相比，此时的新入微商从业者逐渐变得成熟，并且开始摸索微商发展的新模式，这时"品牌"开始成为微商的关键词。

在探索微商发展模式的过程中，从业者们意识到单打独斗的年代已经过去，随便找一种产品在朋友圈推广就可以卖出不错销量的时代也已经过去。此时的微商更讲究团队合作，消费者也从过去只关注微商产品，转变为开始关注微商的品牌。

于是越来越多的微商逐步向团队化发展，想要打造属于自己的微商品牌。这些微商通常的做法是先成立公司，建立一个品牌，再寻找代工厂生产产品，然后通过微商渠道去销售这些产品。

但这种微商品牌的根基是薄弱的，这一时期，大多数微商品牌在加入微商之前，并没有自己真正的品牌和工厂，只是看中了微商这一平台，才开始借助微信这一渠道，建立和发展自己的品牌。

微商 4.0：实体 + 微商，信用背书

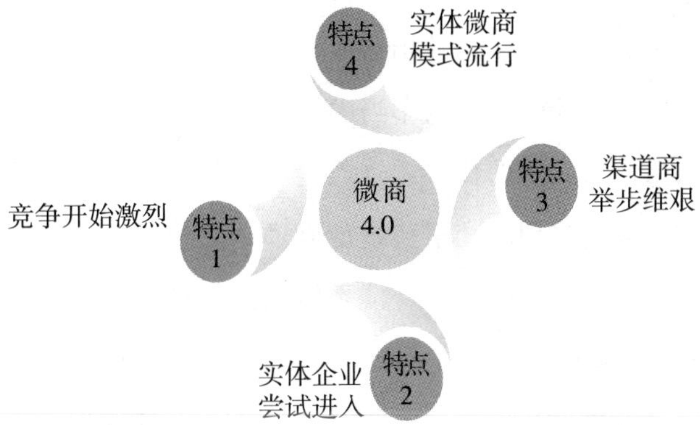

图 1－4　微商 4.0 时代的特点

2016 年，在微商行业兴起发展几年之后，行业开始进入了成熟期。一方面，微商竞争已经开始变得非常激烈，越来越多的微商从业者感受到了压力；另一方面，受市场大环境的影响，传统实体零售业哀鸿遍野，越来越多的实体零售企业陷入危机。

许多实体企业开始寻求转型，越来越多的实体企业开始了自己的微商之路，在微商4.0时代，实体微商模式开始出现。

事实上，在实体微商出现之前，许多品牌的渠道商已经在微信上销售货物。大多数实体企业都拥有自己固定的渠道代理商，而当这些渠道代理商在微信上开始销售时，他们所销售的也正是品牌产品。

渠道微商本身是最传统的商业模式，企业把产品交给渠道商代理，由代理负责销售。不过渠道微商的缺陷在于：

产品要经过企业—渠道总代—渠道分代后才能到达消费者手中，层级过多导致产品的价格相对高昂。

渠道商不是企业，服务也很难谈得上高质量，难以提供成体系的服务。同时，在经历了一段时间的野蛮生长之后，微商面临严重的信任危机，渠道商在获取消费者信任上很难和实体企业抗衡。

所以，渠道微商有其优势所在，但是绝非微商的终极模式。比其更先进的实体微商只是早晚的事。

这就是为什么实体微商模式的出现吸引了众多零售企业的关注，越来越多的企业加入到了实体微商的大军当中。

实体企业做微商有天然的优势：

第一，实体微商的出现改变了传统的微商运营模式，打破了微商线上和线下之间的界限。消费者既可以在线下购买品牌产品，也可以在线上完成购买，线下提货。

第二，实体企业做微商，有良好的根基，企业有自己的品牌、自己的工厂，和纯微商品牌有着巨大的差别。无论是产品还是服务质量，都是普通微商品牌难以相比的。

第三，实体微商品牌有自己的实体为其做信用背书，这非常有助于提高消费者对于商家的信任度，并且还能改变一直以来大众对微商模式的误解。

第四，实体微商，是企业直接对接消费者，去除中间环节，使消费者能够轻松买到质优价廉的商品。

微商 5.0：新零售 + 实体微商，转型迫在眉睫

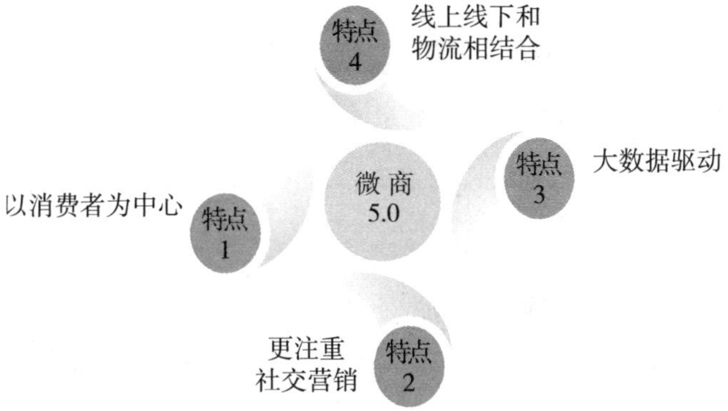

图 1－5 微商 5.0 时代的特点

2016 年 10 月，马云在阿里巴巴杭州云栖大会上首次提出了“新零售”的概念，引起了众多行业的关注。

马云说：“未来的 10 年、20 年，没有电子商务这一说，只有新零售。”其关键在于“以消费者为中心”和“用数据驱动”。

这句话震动了电商行业，尤其是微商。因为马云在对新零售进行进一步解释时说：“新零售是以互联网为依托，通过运用大数据、人工智能等先进技术手段，对商品的生产、流通与销售过程进行升级改造，进而重塑业态结构与生态圈，并对线上服务、线下体验以及现代物流进行深度融合的零售新模式。”

传统微商的本质仍然是移动电商，并且传统微商模式完全依赖于线上模式，和线下没有任何交集。所以，纯线上活动的传统微商模式将会应验马云的那句话，在未来逐渐退出市场。

对于微商来说，只有已经将线上线下打通的实体微商才能转型新零

售，在未来继续生存和发展下去。

与新零售相结合的实体微商呈现出以下几个特征：

（1）以消费者为中心。过去忽视服务、以利益为中心的传统微商将在新零售的时代被加速淘汰，而不能做到以消费者为中心的实体微商也不容乐观，毕竟是大势所趋。

（2）更注重社交营销。记住一句话，在未来，没有社交，就没有交易。未来和新零售对接的实体微商也必然更倚重社交营销。

（3）大数据驱动。如果说以消费者为中心是新零售的灵魂，那么大数据就是使灵魂具备生命的血液。

（4）线上线下和物流相结合。未来我们所处的市场，将是一个灵活多变的、完全打破地域和时间界限的全新市场，无论买卖双方处于什么场景，交易都可以快速完成。这意味着流通链的全面打破，这就是为什么我们说只有实体微商才能够实现“新零售”，如果没有实体做基础，那么打破流通链也就无从谈起。

◎ 新零售已势不可当，现在正处于起步阶段

在未来，企业需要学习的并不是如何销售自己的商品，而是如何去服务消费者，让消费者拥有更好的购物体验。

无论是以电商为主的零售企业还是以线下为主的零售企业都将如此。

融合线下和线下、实体和虚拟的实体微商则需要深入把握新零售的趋势，学习如何融入这个终将属于新零售的时代。

从目前的情况来看，虽然马云在2016年10月就提出了新零售的概念，并且阿里巴巴、小米等行业巨头已经开始了自己新零售的布局。但是从零售业整体来看，新零售依然处在起步阶段。

不过这并不算是一个坏消息，因为任何一种全新的商业模式出现，只有在起步发展阶段存在的机会最多，这也给众多企业带来了机会。

是否能够让自己的企业在未来快速崛起并占据市场，就看众多企业是

否能够抓住这次机会。

现如今消费者对购物的需求和习惯都已经发生了变化，所以企业也必须做出改变。如果一个企业不愿意接受“新零售”，结局就会像当年不愿意接受电商的企业一样，被趋势淘汰。就像马云所说的：“连西湖边的乞丐都用扫码乞讨收钱了，都在与时俱进，你想想你还在抵制新零售有什么用?”

正因为如此，实体微商必须沿着新零售的方向进行加速变革，才能继续立足于市场。

1.2 实体+微商，玩转微商行业新规则

餐饮+微商：刚需型微商的发展策略

餐饮微商：抢占消费者手机端先机

在生活中，每一个人都存在着一定的“刚需”，不同人的“刚需”会略有不同，但是衣、食、住、行这四个方面是每个人都离不开的，这也就意味着其中蕴含着巨大的市场容量。因此，一些新的商业模式也往往是从这些方面开始落地。

传统行业微商化如今已经成为趋势，目前在“衣”方面，微商化已经发展了一段时间，逐渐走向成熟和稳定。和“衣”的微商化相比，“食”的微商化整体还处于起步发展阶段。

如今中国已经进入了移动互联网时代，无论是哪个行业，谁能够抢占消费者的手机端“先机”，谁就能获得巨大的优势地位，餐饮行业也是如此。例如，黄太吉煎饼和人人湘米粉，都是以微商为切入点，抢占消费者手机端，将“餐饮+微商”的模式发挥得淋漓尽致。

能够把握先机的人往往都是先行者，这些人在其他人还在苦苦思索出路时就已经做出了尝试，用自己超前的想法领跑市场。黄太吉就是这样的

一家餐饮企业，在其他餐饮企业还在苦苦思考如何实现“餐饮+互联网”时，它就已经尝试餐饮+微商，并且还将“+微商”的思维渗透到了企业的每一个环节中。

无论哪种商业模式，人总是处在核心的位置，其中最为重要的就是消费者。不过除消费者以外，其中引导企业发展前行的人也在其中占有重要地位，这个人通常就是企业的最高领导者。

餐饮企业最高领导者的思维决定了企业的经营策略、服务品质、企业文化等一系列关键因素。在如今传统餐饮行业日渐式微，行业竞争不断激烈的情况下，餐饮企业的领导者只有深谙微商的游戏规则，并且能够让微商思维渗透到企业中的每一个环节，才能成为餐饮行业中的佼佼者。黄太吉的领导者就做到了这一点，将微商思维渗透到了企业中的每一个环节。

提起餐饮微商，大多数人首先想到的就是利用微信、微博等平台对品牌进行宣传和推广。但黄太吉的“餐饮+微商”不但体现在对外的品牌营销推广上，还体现在企业管理的方方面面。

例如，黄太吉内部员工沟通都通过微信进行，不同分店每隔一小时就向总部利用微信进行汇报，以便总部可以随时掌握各个分店的情况。

黄太吉企业内部的竞争 PK 也是在微信中进行，因为黄太吉大部分员工都是“90 后”，在微信中进行 PK，不但能够很好地调动员工的积极性，还营造了一种娱乐化的工作氛围。

另外，黄太吉虽然没有硬性规定，但是鼓励自己的员工在微信、微博等平台分享自己的工作。例如，分享自己的工作内容是什么，在工作中遇到了哪些有趣的事情，等等。这些分享的内容虽然不能直接对黄太吉的品牌推广起到作用，但是间接地利用了每个员工的微平台，让更多的人知道和了解了自己的品牌，这其实也是一种营销裂变。

黄太吉的成功和微商的快速发展有密不可分的关系，但是，更重要的是其领导者用微商思维武装自己的大脑，指引自己前行的方向。实体餐饮企业想要和微商相连接，并不是简单地利用微信、微博等平台进行营销推广就可以，还需要拥有微商的思维，通过创新的方式将餐饮企业和微商紧密地结合在一起，只有做到了这一点，才是真正的“餐饮+微商”。

人人湘，依靠微信平台实现“轻运营”月入50万元

单从名字和主营品类上来看，“人人湘”只是一个没有任何特色的餐饮店铺。但是当消费者进入店铺之后马上就会发现其不同之处，因为这家店铺没有服务员，也没有收银员。

消费者进入店铺之后可以直接用微信扫描点餐、支付，之后就会得到一个订单号码，当订的餐做好之后，会有广播提醒消费者取餐。在整个过程中没有服务员和收银员的参与，一切都只是用微信来完成。

根据《2017年互联网趋势报告》中的数据显示，微信占据中国用户移动应用使用时间的30%，这是一个相当可怕的比例。显然，“人人湘”在建立之初就已经预测到了这种情况，意识到想要拉近自己和消费者之间的距离，就必须从微信入手。因此，一开始“人人湘”就已经计划好将自己和微商牢牢地捆绑在一起，在开业时就已经在微信上搭建好了平台。“人人湘”也因此得到了回报——它们的营销转化率远远高于行业平均水平。

因为在人人湘当中只允许通过微信来点餐和支付，通过这种做法，人人湘很自然地将消费者从线下引流到了线上，方便开展线上营销的各种活动，提高用户忠诚度。并且将消费者引入线上也就是微信平台之后，在营销思路方面也给了人人湘很大的想象空间。

例如，人人湘曾经因为停电无法正常营业，如果是传统餐饮商家通常就是将店门紧闭，休息一天。而作为已经将消费者拉入线上的微商餐饮商家，人人湘虽然在没有电的情况下也无法正常营业，但是他们却将这次停电当成了一次营销的机会：人人湘给线上所有消费者发了一条推送消息，告诉消费者因为临时停电店铺将休息一天。作为补偿，将会给所有消费者随机发一张金额不等的代金券，消费者可以在点单时直接抵现使用。

人人湘预测到发放代金券之后短时间内进店消费者会有所增加，但是营销的效果还是出乎了他们的意料。在第二天恢复营业之后，进店人数超过了平时的 1 倍。

人人湘在营销方面还充分利用自己将客流引入线上的优势，结合数据技术，开展了一系列的营销活动。例如，每当店面销售业绩到达一定金额后，人人湘便会利用线上平台给所有进店消费过的消费者发放金额不等的红包。红包发完之后的结果就是：后面几天店内的业绩会出现明显提高。

提高用户参与感是现在每一个微商企业都在思考的事情，人人湘也是如此。为了提高消费者的参与感，人人湘还在准备时期就已经开始利用线上开展活动。

在刚起步时，虽然人人湘的初创团队已经建立了运营模式的框架，但是关于店铺名称的问题却一直没有解决。于是初创团队直接将取名引入线上社区，让消费者参与到店铺取名的活动中，并且还有相应的奖励。这种做法一方面吸引了很多消费者的关注，另一方面也增加了消费者的参与感。通过这次活动，最终确定了“人人湘”这个名称。

从取名活动中，人人湘团队意识到了让消费者参与是一种不错的营销方式。此后，产品品类选择、LOGO 选择、活动举办等一些原本应该由商家自己决定的事情，都被放在了线上社区当中，成为一场营销活动，并且都取得了非常好的效果。

无论是在什么时代，对于餐饮商家来说，消费者才是最重要的。人人湘就意识到了这一点，因此他们决定用户在哪儿，自己就要在哪儿，这才选择了实体微商的道路。

事实证明，人人湘的选择是非常正确的，他们通过做实体微商紧紧地抓住了消费者，让一个没有服务员的米粉店月入超过了 50 万元，并且获得了千万元投资。毫无疑问，人人湘就是餐饮实体微商当中的典范。

◎ “餐饮 + 微商”未来的趋势：多品牌联合作战

如果只做一种口味，无论你是做煎饼，还是卖米粉，消费者总是有限的。当餐饮业的微商做得越来越大时，未来多品牌集群协作一定是个大趋势。

实体餐饮业，除了做自己的主打餐饮品牌，还可以做其他副线品牌，做到资源共享，这样就能抢占更大的市场。在此，微商餐饮企业可以把百丽集团的思路作为参考。

百丽曾是中国最大的鞋业集团，它的旗下拥有多个自由品牌，其中又有6个品牌曾在中国鞋业市场跻身前10，分别是：百丽、天美意、他她、思加图、百思图和森达女鞋。

百丽	他她	天美意	百思图	森达	茵奈尔	拔佳	思加图	真美诗
妙丽	法雷诺	鲨鱼皇	爵根仕	迪士尼	米菲	史努比	芭比	15分钟

图1－6　百丽旗下品牌

资料来源：百丽网站。

百丽最为辉煌的时期，是在各大商场之中，百丽的品牌一度霸占了近一半的女鞋柜面。虽然这些品牌都是百丽旗下的，但是风格款式各有不同，这使女性消费者无论喜欢什么款式的鞋子，最终都有很大概率购买百丽的品牌。

虽然如今的百丽早已不复昔日的辉煌，造成这种情况的原因有很多，如大环境影响、传统实体零售不景气、自身经营不善，等等，但是百丽的这种多品牌联合作战的模式却是应该得到肯定的，其模式也给未来餐饮+微商的发展方向提供了参考。

例如，黄太吉的招牌产品就是煎饼，但是除了煎饼还有其他产品品类，并且已经准备分别对这些产品进行营销推广，打造成独立的品牌，然后将这些品牌联合起来共同作战。黄太吉如今除了煎饼，还有“一碗冒菜的小幸福”冒菜品牌、“牛炖先生”炖菜品牌，而这些品牌都已经独立开店。

本书在后面的章节中还将提到实体微商通过超级单品带动品牌发展的模式，其实黄太吉走的就是这种模式：先将煎饼打造为一款超级单品，然后利用这款超级单品带动其他单品销售，并且在煎饼这款超级单品的基础上，打造更多的超级单品，让企业在未来激烈的市场竞争中更加稳固，这也是未来实体微商的一种发展模式。

珠宝＋微商：在珠宝严冬中杀出重围

和欧美发达国家相比，中国的珠宝行业起步是比较晚的。如果认真计算珠宝行业在中国发展的时间，只有短短几十年的历史。不过在这几十年中，中国珠宝行业也经历了数次大起大落。

20 世纪末期，中国珠宝行业刚起步，此时行业整体处于高速发展阶段。在进入 21 世纪之后，伴随着中国经济的高速增长和居民生活水平的不断提高，珠宝行业开始井喷式增长，大量资金涌入珠宝行业，当时仅深圳一地的珠宝行业涌入资金就高达 6000 亿元。

就在珠宝行业疯狂发展了几年之后，2010 年，珠宝行业停止了增长，开始逐渐走下坡路，投资者们纷纷撤资离开，珠宝行业就此进入了漫长的严冬。

对于大多数从事珠宝产业的传统企业来说，最近几年都不怎么好过。行业的低迷、经济的疲软、移动互联网的冲击，这些因素让 90% 的传统珠宝企业都出现了不同程度的下滑，一些本身竞争力不强的传统珠宝企业面对危机直接倒闭破产。

不过危机当中也有生机存在。一些灵活的珠宝企业意识到此时正处于产业升级阶段，只有借助当下移动互联网的力量才能度过危机，重新开始发展。其中一部分珠宝企业就瞄准了微商，并且通过“珠宝＋微商”的模式实现了逆势上扬。

“实体＋微商”如今已经不再是新鲜话题，在电商发展已至瓶颈的今天，所有行业都开始寻找新的模式，“实体+微商”就此出现，吸引了众多行业的关注，珠宝行业也是其中的一员，对于传统珠宝企业来说，这也是一次绝佳的机会。

实际上，如今已经有很多珠宝品牌开始这么做，利用微信、微博等工具进行品牌推广营销，开设自己的微店，一部分珠宝企业还建立了自己的微官网。

珠宝企业如此看重微商是有原因的。大量数据都表明，曾经高度依赖互联网的消费者，如今都已开始向移动端转移。珠宝企业在和微商相结合之后，还可以借助移动支付的红利，为企业开辟出一条全新的销售渠道，从而带领企业走出困境。

钻石小米：零成本营销

如何花最少的钱取得最大的营销效果是众多企业都非常关心的事情，特别是对于那些新成立的珠宝企业。营销资金不足是摆在这些珠宝创业公司面前的一道难题，这道难题也让他们面对激烈的竞争感觉有些束手无策。虽然行业当中有很多营销的成功案例，但是在这些案例的背后都是高昂的营销成本，初创公司根本无法承受。

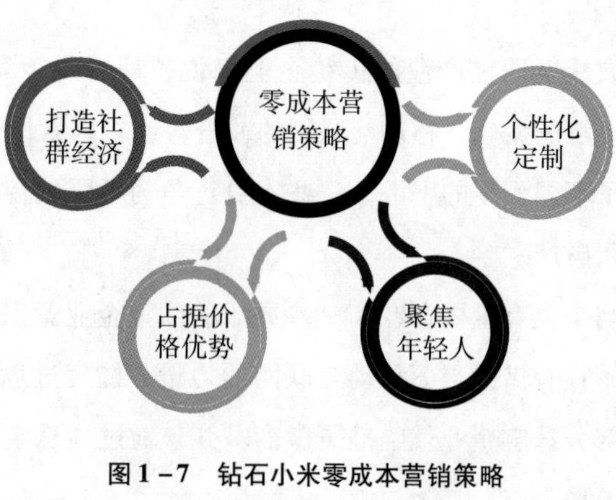

图1-7 钻石小米零成本营销策略

曾经的钻石小米也是一个面对激烈竞争有些束手无策的珠宝企业，不过最终钻石小米找到了解决的方法，最终在零营销费用的情况下，短时间内获得了大量的粉丝关注，销售额突破 500 万元。帮助钻石小米做到这一切的就是和微商的结合。

1. 打造社群经济

钻石小米在成立之初就定位为一家“珠宝 + 微商”的企业，因此在品牌营销方面，社群营销是必不可少的一种方式，这种方式也是微商营销中非常重要的一环。

社群经济模式能够让客户得到有效的沉淀。钻石小米为了实现这一目的，运营了多个社群，以社群来为自己的品牌圈粉，提高用户黏性。

钻石小米建立的社群主题包括美食、旅游、健身、星座、读书等，每个社群的主题不同，聚集的群体特性也不相同，运营方式也就有所不同。钻石小米还经常会举行一些线下活动，提高社群成员的活跃度。通过一系列社群运作手段，钻石小米没有投入一分钱就获得了大量粉丝的关注。

2. 占据价格优势

珠宝行业具有一个特点，就是产品价格较高，这也给传统实体珠宝企业带来了巨大的运营压力。因为珠宝产品不但价格高，体积还非常小，因此实体店面用于铺货的资金少的也在百万元之多。

而珠宝企业采用实体微商模式之后，虽然实体店铺仍然需要铺货，但是铺货量和传统珠宝企业相比可以少很多，这就降低了实体店铺的成本。

“珠宝 + 微商”让钻石小米“零成本营销”，同时还降低了运营成本，因此产品的价格和传统大品牌相比也就低了不少，让自己拥有了价格优势，给了消费者一个选择自己的重要理由。

3. 聚焦年轻人

钻石小米将自己的目标客户定位在年轻人身上，因为如今购买珠宝的都是“80 后”“90 后”，这些年轻人从小在互联网的伴随下长大，可以说是互联网“原住民”。所以相比较之下，这些年轻人购物更依赖于互联网和移动互联网，对于微商所依靠的微信、微博等平台工具也非常熟悉，因此，钻石小米便将自己的目标客户定位在年轻人身上。

4. 个性化定制

现代的年轻人大都追求个性化，因此钻石小米也相应地提供了个性化定制的服务，并且提出了“一周只卖一天钻石”的口号。

钻石小米每周都有固定发布新产品的时间，每到这个时间他们的营销团队就在微信、微博等平台上发布一次新产品，让消费者知道钻石小米又有新产品了，其他时间则用来为用户提供定制服务。

这种独特的营销方式和那些每天“轰炸”微信圈、微博圈的广告相比，颇受消费者的喜爱，同时还向消费者传递了一种企业价值观：我们致力于为用户提供优质的服务。

微商的出现给珠宝企业品牌的营销推广提供了更多的可能性，充分让企业发挥自己的想象力和创造性。除了钻石小米的零成本营销，1905 钻石的“微信零钱攒钻石”也是“珠宝 + 微商”的营销典范。

1905 钻石：微信零钱攒钻石

微商给珠宝企业带来了新的思路，1905 钻石就充分利用微商的特点，别出心裁地想出来一个“微信零钱攒钻石”的活动，值得其他珠宝微商企业借鉴。

1905 钻石举办的活动内容非常简单，用户只需要在微信平台关注该品牌的公众号，就可以开通自己攒钻石的账户。平时用户可以将自己的微信零钱或者红包都存入这个账户，最为关键的是，用户还可以主动请求自己的微信好友给自己的钻石账户存零钱。

平台还会对参加该活动的用户根据零钱数量进行排名，排名前列的用户将会得到平台送出的惊喜，用户参与的热情也因此被点燃了。

其实这种购买钻石的方式并没有多新鲜，只是一种互联网众筹。不过

1905钻石将这种众筹方式和微商相结合，成为一种非常有创新性的营销方式。

◎ **珠宝+微商的未来趋势**

珠宝+微商模式的出现大大提高了珠宝企业品牌传播的速度，与过去传统珠宝企业营销推广动辄百万、千万的成本相比，微商营销的成本也要低得多。并且微商营销打破了时间和地域的限制，珠宝企业只需要找到一个好的创意，再加以推广，就可以为品牌聚拢大量的粉丝。因此，珠宝+微商的模式也是未来珠宝行业的趋势。

为了迎接这个趋势，传统实体珠宝企业除了和微商对接，自身还需要做出什么改变去适应新趋势呢？

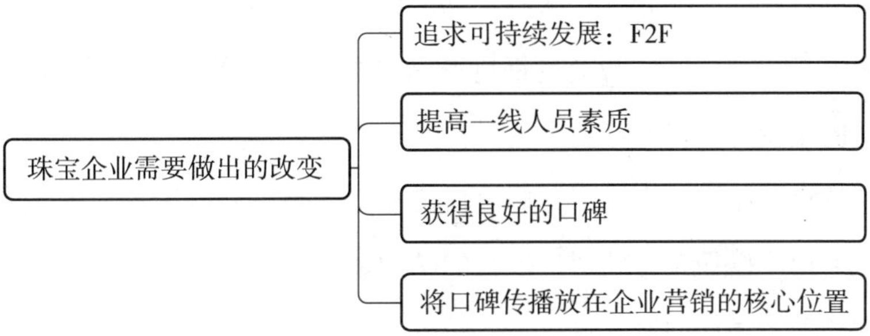

图1-8 珠宝企业需要做出的改变

1. 追求可持续发展：F2F

销售属于服务业，这是众所周知的事情，因此多数珠宝企业都会强调自己的服务，并且愿意提供差异定制化服务来吸引用户。但是很多珠宝企业都过分注重销售时的服务，却忽略了售后服务，这就给企业未来可持续发展带来了阻力，尤其是在和微商相结合之后。

所以对于珠宝企业来说，将产品销售给用户后并不意味着双方的关系就此结束，珠宝企业应该采用“F2F”的服务理念，也就是Friends to Friends，以朋友对朋友的方式来向用户提供售前和售后的服务，给用户带来良好的购买体验，推动品牌裂变传播。

2. 提高一线人员素质

在传统珠宝企业中，一线从业者普遍素质偏低，原因不外乎入行门槛较低。而在未来珠宝+微商的模式中，珠宝企业需要将微商思维融入企业的方方面面，每一位员工也需要拥有微商思维，利用线上、线下相结合的优势去服务用户，同时为珠宝品牌做营销推广。

因此未来珠宝企业必须提高一线从业者的素质，让每一位员工都融入微商模式当中，而非过去简单的各司其职、没有任何交集。也只有珠宝企业全员都融入微商模式中，品牌的营销推广才更容易进行，传播的速度也将得到提高。

3. 获得良好的口碑

珠宝行业的产品有别于微商常见的面膜、服饰等产品，所以并不适合进行刷屏式营销。珠宝微商的品牌塑造和推广也不能单纯依靠高曝光率，更需要的是良好的口碑。

在珠宝+微商的模式中，用户信任和推荐是品牌塑造推广的最有效手段。获得用户信任是得到用户推荐的基础，因此摆在珠宝微商企业面前首要的问题就是信任问题，这也是微商所面临的一大难题。

不过珠宝企业实体+微商的模式可以很好地解决用户信任的问题，有了信任的基础，接下来需要的就是用户的推荐。

用户愿意推荐一个品牌的商品，只能是因为该品牌的产品性价比超过了自己的预期，又或者是自己得到了非常舒适的购物体验。对于珠宝企业来说，总结起来就是3个要素：产品、服务和价格。无论什么行业，产品永远都是企业的根基，这点毋庸置疑；而在未来激烈的市场竞争中，优质的服务是珠宝企业提高自身竞争力的本钱；最后的价格因素则会直接影响到消费者的选择，以及对产品和品牌的感受，因此价格也是未来珠宝企业的竞争利器。珠宝企业只有把握好这3个关键要素，才能获得用户的推荐，实现口碑传播。

4. 将口碑传播放在企业营销的核心位置

互联网的快速发展改变了消费者的购物习惯。在互联网刚刚普及的年代，消费者意识到互联网可以帮助他们打破信息不对称的劣势，因此在购买产品之前首先会选择通过互联网去了解产品的相关信息和口碑。

然而随着互联网的快速发展，如今网络营销已经成为每个企业的标配，消费者对互联网上获得的信息信任度因此开始下降，转而去信任身边人的推荐。已经有很多珠宝企业意识到了这一点，开始有意塑造品牌在消费者心中的形象，让消费者自己充当品牌的代言人，免费为企业品牌进行宣传。

在如今这个移动互联网普及的年代，几乎每个消费者都有自己的网络社交圈。当消费者自愿充当一个珠宝品牌的代言人之后，就会利用移动社交平台将品牌或者产品分享给社交圈中的其他人，口碑传播就此形成。这种传播的性价比要远优于企业自己花钱进行营销推广。因此未来口碑传播将是珠宝微商企业的核心营销方式之一。

现在微信朋友圈还流行一种变相的口碑传播方式，就是邀请朋友帮忙砍价。绝大多数人都应该在朋友圈见过这样的活动。通过这种活动，一方面消费者得到了实际的好处，另一方面企业可以通过消费者的分享实现产品的宣传扩散。因为在大多数人看来，一个人邀请朋友帮忙进行砍价，下意识地就会认为这个人信任这件产品，也只有信任这件产品才会砍价购买，因此这是一种变相的口碑传播方式。

◎ 实体微商需要创新

虽然上面介绍了不同行业实体和微商结合的模式，但并不是说所有实体企业都必须一成不变地照搬上面的模式，用在自己的身上。因为微商给传统企业带来的不仅是一种全新的销售渠道，还给企业未来的发展提供了巨大的想象空间，让企业有了更多创新的空间。

没有哪一种模式是“万金油”，可以适用于所有的企业。“实体微商”

的模式只是给传统企业提供一个大致的方向，但是具体应该如何去做，就需要根据自身的实际情况做出变通和创新，从而找到一种最适合自己的发展模式，提高实体微商企业的核心竞争力。

电器＋微商：行业巨头早已在行动

虽然最近两年微商在中国发展迅速，不过在很长的一段时间里，微商所涉及的产品品类大都是化妆品、服饰、鞋包等日用快消品。因为这些产品大都价格较低，方便运输，商家也更容易获得社交平台上消费者的信任。而对于电器产品，大部分电器企业对此持怀疑的态度。

这些企业对电器微商持怀疑态度的原因很简单：

第一，和化妆品、服饰等日用快消品相比，家电产品价格普遍较高，运输也不方便，不适合在微商渠道销售。

第二，在大多数消费者眼中电器产品属于大件产品，并且需要一套完善的售后服务体系。而受之前微商野蛮发展的影响，很多消费者对微商缺乏信任，因此这些企业并不看好电器微商。

这些电器企业对微商持怀疑态度是有一定道理的，但是从这些企业对微商的态度中，我们可以看出它们都对微商的发展趋势了解不够深入。

这些企业对微商的了解还停留在微商初级阶段，并没有意识到现在的微商模式已经发展到了“实体＋微商”的模式，而非过去只刷朋友圈的微商模式。

实际上从两年前开始，电器行业的巨头们就已经纷纷进军实体微商，想要抢占市场先机。例如，电器销售巨头苏宁在2015年就推出自己的微商平台，该平台仅在内测的时候就已经吸引了近一半的苏宁员工加入，让这些苏宁员工有了第二个身份：微店店主。

不仅是电器销售商加入了实体微商大军，电器制造企业同样加入了实体微商的大军。就在苏宁2015年推出自己的微商平台之后，美的也紧随其后推出了自己的微店平台“美的合伙人”，该平台区属于开放平台，大众都可以注册加入。海尔向实体微商的转型应该是所有电器企业中最为有名的了。同样是在 2015 年，海尔启动了自己的实体微商计划，推出了自己的微店平台，吸引创客们通过海尔的微平台进行创业。

如今，随着电器行业巨头们的纷纷加入，越来越多的中小电器企业也选择加入实体微商的大军当中。虽然和行业巨头相比，中小电器企业无论是资源方面还是在品牌效应方面都有一定的劣势，但是这并不能阻止“电器 + 微商”的趋势到来。

三个爸爸：六招玩转“电器 + 微商”

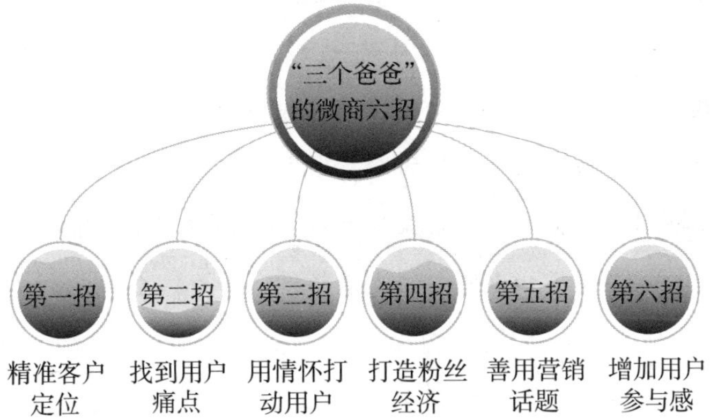

图 1－9 “三个爸爸”的微商六招

电器 + 互联网的模式如今已经发展得非常成熟，但是对于电器 + 微商的模式，很多中小型电器品牌还感觉有些陌生，虽然想要去做，但是却不知道该如何下手。不过在众多中小电器品牌当中，也有成功玩转电器 + 微商的，“三个爸爸”就是这样的一个电器品牌。

“三个爸爸”是一个空气净化器品牌，这个品牌在成立之初就确定了电器 + 微商的商业模式，也正因为如此，才创造了中国第一个千万级的众筹纪录。

一个商业模式无论有多么出色，企业不会正确运营这种模式，也就不可能获得成功。所以即使有了好的商业模式，也需要企业用正确的方式去运营，才能获得成功。

“三个爸爸”能够将“电器+微商”的模式玩转，就在于它能够正确地运营这种模式，在仔细了解过“三个爸爸”的微商发展之路后，就可以总结出它能够玩转“电器+微商”的原因。它的做法一共可以分为六招。

1. 精准客户定位

2013年，随着居民生活水平的提高，越来越多的人开始关注环境健康问题，空气污染被列在大众关注环境问题的首位。一时间“空气污染”“PM 2.5”“雾霾”等关键词都成为热门词语，空气净化器也因此成为热销产品，其中不少人都是为了自己孩子的健康而选择购买的。

当时“三个爸爸”的创始人也是一个“新爸爸”，非常了解作为父母对孩子的健康有多么关心，于是他便从中发现了机会，开始将“新爸爸”作为精准客户，推出了儿童专用的空气净化器。

在电器+微商的模式中，企业只有对客户群体有了精准的定位，才能知道客户在哪里聚集，知道他们的生活场景和形态，也才能知道如何与客户沟通。

2. 找到用户痛点

在电器+微商的模式下，企业营销推广更多是依靠微信、微博等为平台进行。而用户在浏览这些微平台信息时，大多都是利用碎片化时间。因此，如果企业不知道消费者痛点，不能在短时间内吸引用户的注意力，那么微平台营销推广工作就很难展开。

企业在寻找用户痛点方面，所采用的方式通常是广泛地做市场调查。“三个爸爸”在寻找用户痛点上则充分利用了微商的社群优势。

他们先是发动身边的人，找到了100多名父母，建立了2个社群进行沟通，之后又通过各种论坛和社区的途径，找到了500名新父母加入到自己的社群中。然后通过群中父母们相互之间有关空气净化器的聊天来寻找用户的痛点所在。

3. 用情怀打动用户

对于那些中小型电器企业或者初创型电器企业来说，可能没有太多的资金用在营销宣传上，产品也可能没有太多高大上的东西在其中。但这并不代表企业的产品在微商环境中就没有竞争力，因为企业可以选择用情怀去打动消费者。

当电器企业用情怀获得消费者的关注后，此时企业的品牌就和竞争对手的品牌区别开了，用户也将会在众多品牌中优先考虑拥有情怀的品牌。

“三个爸爸”因为主打的是儿童专用空气净化器，目标客户又是孩子的父母，因此，他们为产品所赋予的情怀就是父母对孩子的爱。

例如，“三个爸爸”的广告语中有“我们因爱改变”“我们为爱守护”，还有以孩子的口吻说“爸爸我不舒服”“爸爸家里太吵了”，等等，这些广告语都包含情怀，所以非常容易在碎片化时间里吸引消费者的注意，打动消费者。

4. 打造粉丝经济

在微商当中，粉丝的重要性不言而喻，因此打造粉丝经济也就成为众多微商们必须要做的一件事情。可以说在微商中“得粉丝者得天下”，这句话一点都不夸张。

“三个爸爸”就意识到了这一点，所以他们将打造粉丝经济放在了营销最重要的位置。

早在调查用户痛点时期，“三个爸爸”就建立了两个基本粉丝社群，这些就是品牌的基础粉丝。当然，粉丝是需要维护的，不然空有社群在，都是僵尸粉，就没有了意义。所以，“三个爸爸”经常在社群中举行活动，提高社群的活跃度，与粉丝保持良好的关系。

另外，“三个爸爸”还加入了由众多创业者所组成的团体，在团体中相互帮助做品牌的传播营销，以此来获得更多的产品粉丝。“三个爸爸”创造千万级的众筹纪录就是这些粉丝力量的体现。

5. 善用话题营销

在微商模式中，话题营销是营销策略中必不可少的一项。其目的就是通过制造话题，或者借用热点话题来提高品牌知名度，实现裂变传播。

三个爸爸就非常善于使用这种话题营销，甚至品牌名“三个爸爸”本身就是一个话题营销。因为大多数消费者听到这个品牌就会产生好奇心：“这个品牌名称好奇怪，为什么叫这个名字?”“三个爸爸是哪三个爸爸?”

一部分人也许对这个名称持好奇态度，觉得有趣和喜欢，还有部分人可能对这个名字感到不解。但无论大众对名称的态度怎样，话题就此产生，并且持不同意见的人越多，话题的热度就越高，更能实现消费者自发传播分享的目的。

学会利用热点话题进行营销也是微商中的一种基本营销手段。2014年，央视曾经对市场上的空气净化器质量问题进行过报道。当时雾霾污染正是大众所关心的热点话题，央视又出了这样一则关于空气净化器的报道，一时间网络上到处都是有关空气净化器质量的讨论声音。

“三个爸爸”很快就意识到了这是话题营销的好时机，于是借助央视的新闻报道对自己的产品进行软文营销，取得了非常不错的效果。

6. 增加用户参与感

微商需要用户对企业的产品自发地进行宣传和分享，那么用户为什么会这样做呢？让用户愿意自发宣传推广产品的方法有很多，“三个爸爸”采用的则是增加用户参与感。让用户直接或者间接地参与到产品某一个环节当中，增加用户的参与感，用户也就愿意对产品进行宣传和分享。

在准备做众筹之前，“三个爸爸”就意识到了用户参与感对于未来品牌传播所能起到的作用。因此，众筹从一开始就被定位成一件让大家共同参与的事情，之后的众筹宣传营销工作也都是围绕着这一核心展开，最终“三个爸爸”成功完成了中国第一个千万级众筹纪录。

而参与过众筹的用户，因为对产品有了强烈的参与感，便会自愿地去宣传产品，或者直接购买产品，这就是用户参与感的力量。

为用户营造参与感现在已经被很多微商企业使用，这种做法能够有效增加用户黏性，让用户参与到产品营销中去。例如，在产品的设计研发过程中，向消费者征集意见；又如像“三个爸爸”那样，通过众筹来实现。

食品 + 微商：微商多元化发展带来的食品新市场

诞生于 2012 年的微商曾让化妆品行业，尤其是面膜行业着实火了一把。但是这种情况持续到 2015 年开始发生了变化，化妆品在微商上的生意越来越不好做。虽然不至于完全做不下去，但是利润却远远低于之前。

为什么会出现这种情况？原因很简单，化妆品在微商上兴盛了 2 年之后，大家都看到了其中的商机，导致市场上相关产品层出不穷，消费者已经感到厌倦和不信任。

就在这段时间，关注朋友圈微商的消费者发现了一个现象，化妆品微商开始逐渐减少，取而代之的是各类其他商品，其中以食品居多，如零食、地方特产等。这是因为一部分微商已经意识到化妆品已经不再是微商的宠儿，未来的微商产品必然是多元化发展，其中食品微商就是一片当时还未开发的蓝海。

微商的发展也证实了这一点，最近两年微商一直在向多元化发展，进驻微商的产品品类也越来越多，而食品就是进驻微商产品当中的佼佼者。

因为自古以来中国就有“民以食为天”的说法，虽然最初这句话中的“食”指的是一日三餐，但是随着生活水平的提高，中国早已脱离了解决温饱的年代，“食”所包含的内容也就有了扩张，如零食、保健食品、特色小吃等。

通过微商购买食品，符合人们的日常行为习惯，现在已经有越来越多的人习惯在微信上购买食品。这一切都表明，食品 + 微商已经成为一种趋势。

等蜂来：月流水百万的食品微商品牌

“等蜂来”是一款微商蜂蜜产品品牌，也是食品＋微商模式最早的一批企业。如今依靠“等蜂来”这个微商蜂蜜品牌，背后的微商企业月流水已经过百万，成为行业中的佼佼者。

“等蜂来”的创始人张小伟其实并不是食品行业的新人，在创造这个微商品牌之前，他已经在食品行业做了十几年。不过，过去他所做的食品行业一直都以线下为主，做食品微商还是第一次。

他尝试做微商的原因和很多微商从业者一样，线下食品行业竞争太过激烈，市场已经趋于饱和，如今单纯想依靠线下实体打造优秀的食品品牌太过困难。微商显然是未来移动电商的趋势，于是就有了做微商品牌的想法。

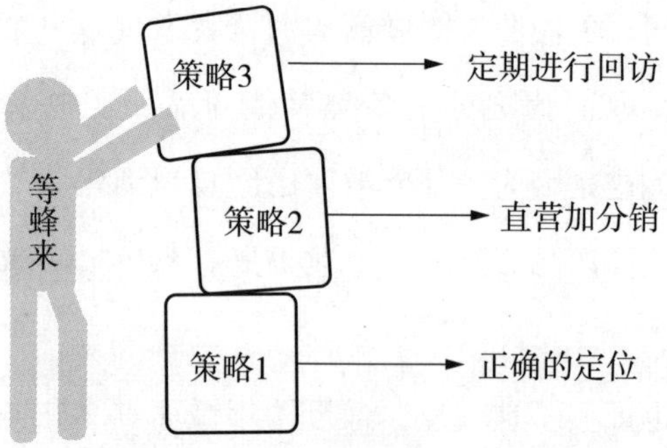

图1－10 “等蜂来”的微商策略

1. 正确的定位

无论什么行业，想要做微商，都要先找准产品的定位，食品行业也是如此。

想让客户花钱购买，企业的产品就必须能够为客户带来价值，这就是产品的价值定位。食品虽然都是用来吃的，但是不同食品给用户带来的价值各不相同。例如，有的食品给客户带来的价值是美味；有的食品给客户带来的价值是新奇；有的食品给用户带来的价值则是健康；等等。

不同的定位采用的营销手段各不相同，不同的价值定位也会影响产品的价格。“等蜂来”的价值定位就是原生态、健康。所以在营销宣传上，“等蜂来”主要是从蜂蜜的产地入手，通过讲述蜂农的故事，实现自己的产品价值宣传。

例如，每年到了产蜜的季节，“等蜂来”就会安排员工去合作的蜂场驻扎，和蜂农一起生活，将蜂农们采蜜的全过程通过文字、图片和视频的形式记录下来，作为产品营销的资料。

在突出蜂蜜原生态、健康的同时，“等蜂来”还非常善于“蹭热点”。几年前，一部《舌尖上的中国》的纪录片火遍全中国。其中在第二季的一期节目中记录了四川乐山一对养蜂夫妻的养蜂故事，“等蜂来”就抓住了这个机会，找到了这对夫妇进行合作。这对养蜂夫妇的故事也成为品牌宣传非常好的素材。

2. 直营加分销

做微商自然少不了引流推广工作。在吸引流量上，“等蜂来”一方面通过运营微信公众号进行，另一方面通过加入分销平台进行。

因为“等蜂来”所采取的经营方式是直营＋代理，他们有自己的直营店，同时也大力发展自己的代理商，所以微信公众号引流主要是吸引直营店的客户流量。分销平台则是为了发展自己的代理商。毕竟微商分享经济，仅有直营店，凭自己的力量很难推动品牌的推广和发展。

3. 定期进行回访

微商行业竞争激烈，企业在获得粉丝之后，还要持续进行维护，这样才能保证粉丝对品牌的忠诚度，防止粉丝流失。最为常见的方式就是举办各种活动，以此来提高粉丝的活跃度和忠诚性。“等蜂来”也是这样做的，经常会通过微信公众平台举办各种活动，与粉丝进行互动，保持粉丝的黏性。

除了常规抽奖、送红包、促销等活动之外，“等蜂来”还选择定期回访客户，一方面收集客户对产品的反馈意见，另一方面增加品牌在用户面前的曝光量，加深客户对品牌的印象。这也是一种非常有效的维护粉丝黏性和忠诚度的方式，同时还可以从客户那里获得对产品或者品牌的第一手反馈资料，帮助企业做出改进，提高客户的购物体验。

“等蜂来”进驻微商时机选得恰到好处，因为品牌成立的时候正是线下实体经营已经趋于饱和，线上电商成本大幅提高的时候，这让很多处于创业初期的食品企业发展变得极为艰难。此时恰好又是化妆品微商开始衰退的时期，面膜等产品逐渐从朋友圈中减少，这给了食品微商发展的机会。

如今，食品+实体微商的模式已经发展得较为成熟。虽然行业竞争自然要比之前激烈得多，但是和纯线上电商、纯线下实体相比，毫无疑问，实体微商是最适合的选择。在如今零售业整体面临向新零售升级的时期，实体微商也是最适合转型新零售的模式。

家居+微商：对接微商解决家居实体难题

◎ 家居行业现状：实体没落，电商难行

微商的浪潮在过去几年时间里以烽火燎原之势席卷了几乎所有行业，其中也包括传统家居行业。

大多数家居企业在进入微商领域之前，走的都是传统家居企业对接电商的典型模式：开设自己的实体门店，主要通过网络营销方式获得流量，然后将这些流量转化到线下促进成交。

在电商盛行的时代，这种模式是众多家居企业的首选。但是，如今随着微商的崛起，以及电商红利的消失，越来越多的家居企业开始感受到这种模式的弊端：

第一，传统电商推广的主要途径就是搜索引擎推广，不过随着电商竞争的日益激烈，搜索引擎推广费用消耗巨大，甚至到了让企业难以承受的

地步。

第二，曾经电商的崛起让实体门店生存艰难，如今虽然电商红利已经消失，但是实体门店的处境却并未有所好转，家居实体门店面临的危机反而有愈演愈烈的趋势。而传统实体门店的缺陷在于，展示的效果不尽如人意：所提供的家居产品，往往孤立存在，消费者看不到效果，而电商通常所采取的网页展示，一方面篇幅有限，消费者所能看到的效果也是有限的，另一方面是一次性展示：如果消费者打开网页后对展示图片不感兴趣，就不会再次打开观看。

第三，对于大多数开设在建材市场中的实体门店来说，现如今线下所带来的流量已经越来越少。一大部分“80 后”“90 后”都会选择在网上购买家具，而不开设在大型建材市场中的家居店就更依赖网络了。传统电商的没落让家居行业倍感压力，逼迫其必须转型。

第四，根据最近几年互联网的发展趋势以及微商的迅速崛起，社交平台在未来商业模式中必然会占据非常重要的位置，这已经是所有行业一致认同的事情。

在这几种因素的共同作用下，许多家具企业开始思考向微商转型。

卓尔思家居：微商转型之旅

卓尔思是一家位于北京主营榻榻米的传统家居企业。卓尔思成立于 2013 年，在 2014 年开始进军新媒体营销，成为微商大军的一员。在众多家居微商之中，卓尔思是最快站稳脚跟和实现高额盈利的企业。

事实上，卓尔思的成功源于其充分的准备，在开始转型实体微商之前，就已经做好了详细的计划，并且严格付诸行动。

1. 入市之前的市场调查

卓尔思的调查工作包括两方面内容。一方面是行业调查：包括行业趋势，主要竞争对手的价格区间、营销策略、产品卖点等；另一方面是消费者调查：包括活跃周期、购买习惯、喜好趋势等。

2. 日常社交平台维护

日常社交维护就是对微信、微博等社交平台公众号的维护。例如，微信公众号每天都要更新内容，选择恰当的时间推送给粉丝。

移动互联网用户浏览微信等社交平台一般都是利用碎片化时间，所以，在推送时间选择上是非常有讲究的。根据大数据统计，中国移动互联网用户浏览微信的高峰时间在7：00—9：00、11：30—13：00、21：00—22：00这三个时段，所以，微商企业推送信息时间就应该从这三个时间段里选择，并且每日的推送时间要固定。

3. 充分的互动和营销策略

和粉丝互动是微商营销的重头戏，也是提高粉丝活跃度、忠诚度的最有效方式。卓尔思和粉丝之间的互动主要是通过活动来进行。

那么企业如何向粉丝传递活动信息，吸引粉丝参与活动呢？

一些微商企业认为直接将活动内容推送给粉丝就完成了。实际上想要通过活动达到和粉丝互动的目的，微商企业必须要在活动推广策划上下一定的功夫才可以实现。

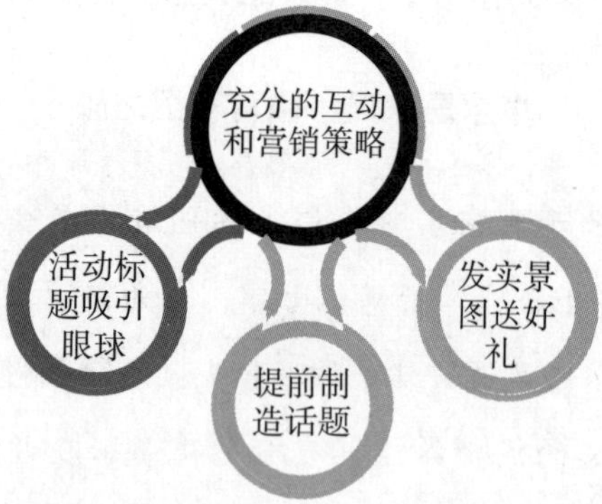

图1-11　充分的互动和营销策略

策略1：活动标题要吸引眼球

活动标题要足够吸引粉丝。在微商盛行的今天，企业粉丝每天都会收到大量的营销信息（节日更是如此，如2016年的“双十一”前一晚，笔者自己的手机就被营销推广信息“轰炸”了)，只有企业活动信息的标题足够吸引人，粉丝才有兴趣看活动的具体内容。

可以使用几个短语进行组合，我们可以说“设计专家免费设计，到店就送红包，100% 有礼”，这就是三个短语的组合，简洁的同时富有吸引力。

同时，企业发布的内容无论是在活动标题上还是在信息内容上都应该以简洁为主。简洁的标题和内容可以让粉丝很容易就关注到企业活动的关键内容，给粉丝留下较为深刻的印象。

策略 2：举行活动前提前制造话题

微商企业大都拥有自己的粉丝社群，因此，在举行活动前一段时间就应该引导社群言论，让活动内容变成粉丝之间的话题，吸引粉丝们的眼球。

策略 3：发实景图送好礼

对于家居行业来说，展示一直都是一个难题。如果比较宜家和传统家居门店就会发现：宜家的展示效果比普通家居门店要好上数倍，原因就是宜家把所有的家具产品、橱柜产品都放在了具体的场景之中，而对于大多数家居企业来说，很难有实体营造几十上百个样板间，但是家居微商的活动解决了这一难题，通过鼓励消费者晒出自己的家装实景图，一方面和老顾客互动增强了黏性，另一方面使产品得到了充分的展示，使新的顾客能够看到在实际场景中的展示效果。

◎ 和微商对接，解决了家居行业的诸多难题

和微商对接的家居企业充分感受到了微商模式所带来的好处：通过线上和线下的流量融合，企业的地理位置再也无法限制流量的进入。同时，微信渠道灵活多变的展示模式，也优于纯实体门店和纯网页的展示效果：消费者可以在朋友圈看到商家发布的家居效果图、客户家实物图，再去实体门店感受实物。

在众多传统家居企业当中，部分成功对接微商，进入实体微商模式的企业，充分依靠微商模式解决了传统实体家居企业所面临的种种问题，让企业进入了发展的快车道。

如今，几乎所有家居企业早已进入微商领域，多数企业也都有自己的微信公众平台。从这方面来看，微商似乎在传统家居行业发展态势不错，但是如果深入进行调查，就会发现传统家居行业的微商之路，其实还处于起步阶段。

虽然大多数传统家居企业如今都步入了微商领域，但这并不代表这些企业就能够做好微商。更多的传统家居企业只是因为受到趋势的影响，看到绝大多数行业都已经进入微商时代，所以才想要加入微商。实际上这些企业对微商只是一知半解，并不了解什么是真正的微商。

这些企业对微商的理解就是建立微信公众号，在微信平台销售产品。所以，这些传统家居企业便进入了微商领域，开始了自己的微商之旅。但实际作用呢？几乎等于没有，因为这些企业一开始对微商的认识就是错误的。而这些企业本身对微商也没有足够的重视，一段时间过后，也就无人再关心企业在微商领域的发展。

而那些做得成功的企业，则是充分把握了时代特征和微商脉搏的企业。

第 2 章

CHAPTER 2

微商革命：建立以实体为依托的微商新王国

2.1 实体微商生态的特点

品牌人格化

微信如今早已不是一款单纯的社交软件，而成为一个去中心化的平台，连接各行各业，吸引无数创业者加入这个平台。

早在 2014 年“微信之父”张小龙就曾经说：“我们是希望建造一个森林，而不是说我们要建造一个自己的宫殿出来。”如今的微信已经验证了张小龙当时的说法，微信已经成为巨大的森林，并且这座森林正在不断地创造奇迹，也在改变电商行业的规则。

实体微商企业就是微商这座大森林的一部分，但是加入并不代表就能够做好，想要做好，还必须要了解微商这座森林中的生态特点。

品牌人格化是实体微商行业的第一个特点。

简单来说，品牌人格化就是将微商企业的品牌打造成具有人性特征的品牌符号，让消费者在不知不觉中对品牌产生黏性，并且将新产品和人的个性联系起来，从而在心理层面上与品牌达成共识。

过去，消费者购买商品会着重去考虑产品能否满足自己的使用需求，性价比是否够高。而现在，消费者在选择产品时虽然也会考虑这两个因素，但更多是会受到人与人之间信任的影响。例如，品牌是由自己喜爱的明星代言的，就会去购买，或者产品是熟人推荐的，也会选择去购买。从消费者的这种变化中，我们可以得知现在的消费者在选择产品时，不再只是受到产品本身或者价格的影响，还会受到情感因素的影响。品牌人格化就是给品牌注入情感因素，从而促进产品的成交。

品牌人格化就是对品牌进行拟人化、情感化。想要实现这一点，就需要在有关品牌的营销推广中，让品牌具有人性，拥有自己的性格和价值观，让消费者感觉自己面对的不再是冷冰冰的产品或者品牌，而是一个有情感的伙伴。这样消费者就愿意成为品牌的忠实粉丝，始终和品牌站在一起。

例如，曾经火爆一时的锤子手机。无论锤子手机本身做得如何，仅从其曾经火爆一时，吸引了大量的粉丝关注上来看，锤子手机在品牌运营方面就是成功的。很多粉丝喜欢上锤子品牌只是因为喜欢罗永浩特立独行的性格，而罗永浩也成功地将自己的性格注入到了品牌当中。就冲这一点，无数粉丝就愿意购买他的锤子手机。

流量渠道多元化

虽然传统微商模式如今也陷入了困境，但是未来无论商业模式发生怎样的变化，必然都是基于移动互联网。实体微商的出现让无数微商企业和实体企业都看到了希望，越来越多的企业加入了实体微商。

但是想要做好实体微商，让自己的企业在未来的市场竞争中站稳脚跟，除了在模式上要选择正确，还要在思维上做出转变。

例如，传统电商所关注的内容不外乎是流量、转化之类的数据化内容，而实体微商则有很大的不同。虽然微商也需要关注店铺流量、顾客转化率等数据，但是除了这些，还需要关注社群维护、粉丝维护、代理团队发展等内容。对于企业更重要的是如何让线上、线下的流量融合到一起，如何让线下的成功延续到线上，让线上的火爆带动线下。

同时，传统电商经过数年的发展，引流成本已经提高到了一家普通企业难以承受的地步，所以很多企业在引流推广工作中，首先思考的是控制成本，这就给引流工作的开展划定了上限。而实体微商利用社交平台引流，大大降低了流量获取的成本，企业在引流工作上更多思考的是如何利用社交手段获取更多的客户。

模式存在不同，思维也就存在不同。如果实体微商用传统电商的思维去经营，每天将关注点放在流量数据上，而不是去维护粉丝、发展代理商，显然，这样的企业不可能做好实体微商。

微商虽然出现于微信朋友圈，但是现在流量渠道早已不再局限于微信平台。流量渠道多元化就是要微商企业找到更多获取流量的渠道，然后将这些流量整合在一起，进行转化成交。

实现流量渠道多元化有以下两种方法：

多渠道发展：实体微商应该尽可能地和多个 B2C 平台进行合作，如京东、天猫等，进行多渠道发展，而不是仅仅靠着一两个社交平台发展。同时，微商企业还需要建立一个独立会员管理系统，将所有流量粉丝都导入这个系统中，系统以 APP 的形式出现。

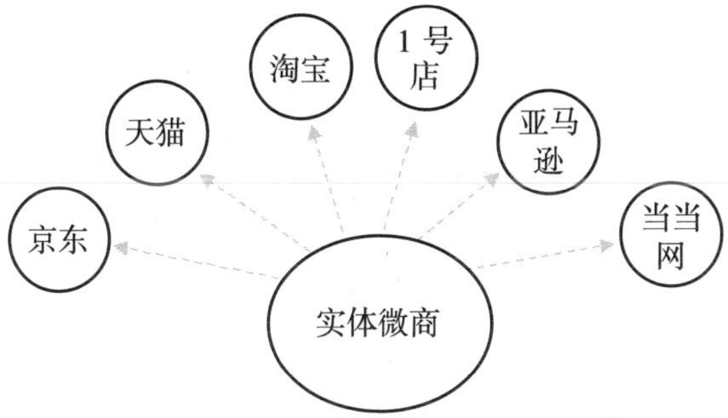

图 2－1　实体微商多渠道发展

这样做一方面可以通过 APP 及时向消费者推送信息，另一方面通过 APP 还能够获取用户信息，方便微商企业开展大数据分析。现在我们购买很多产品都会要求关注公众号或者下载APP，以此来获得奖励，并且这些产品的购买渠道是非常多的，这就是多渠道发展策略。

网状传播：基于互联网的社交关系都是呈网状，这就有助于信息的传播和推广。而基于移动互联网和社交平台的微商在这方面更是有先天的优势，这也是微商最吸引人的地方。

对于大多数传统零售企业来说，在传统电商B2C平台已经很难赚钱，并且在第三方电商平台上客户还非常容易流失，因为客户流量属于第三方平台，而不是属于商家。这就是传统电商中心化的商业模式。

微商是一种去中心化的移动电商，其传播途径也和社交关系一样呈网状传播，这是微商的优势所在。利用这种网状结构，微商企业可以通过朋友关系、熟人关系、粉丝关系获得更多的流量。让每一个接受信息的人同时变成传播者，继续向周围的人群扩散微商企业的影响力，成为一个独立的流量来源渠道。

在实体微商时代，每一个参与其中的人无论扮演的角色是什么，都可以成为微商，也可以成为潜在的客户。

电商的兴起让中国进入了全民网购的时代，而微商的兴起则让中国进入了全民微商的时代，参与其中的人既可以是消费者，也可以是商家。因为微商是去中心化的商业模式，呈网状结构。在这个结构中，每个人都可以成为信息的分享者。

对于实体微商企业来说，虽然企业中有独立的微商运营团队，但是这并不妨碍其他企业成员也加入到微商中来。因为微商是去中心化的，是一种信任经济和社交经济，不需要依靠第三方平台也可以进行。所以无论一名成员在企业中承担什么职务，从微商营销的角度来看，他都可以成为一个信息分享者，每个人都有自己的社交圈子，都可以通过自己的社交圈子将企业的信息传播出去。

所以，实体微商企业在微商营销上，可以不局限在微商运营团队范围内，而是可以实行全员营销，让企业全体人员都参与到微商营销中来。

发展本地化

◎ 本地化微商企业越来越多

在很多人眼中，微商就是一种在移动互联网上发展的商业模式，实体微商也应该如此。实际上根据微商最近两年的行业变化，实体微商采用本地化发展策略的企业正在逐渐增多。

实体微商本地化发展是指主要服务对象是本地消费者。在服务本地消费者时，微商企业更容易及时、精准地掌握消费者需求，根据消费者需求的变化及时调整企业发展的策略。

对于本地化发展的实体微商企业来说，微商更像是一个为当地消费者服务的服务平台，降低消费者信息获取的难度，成为连接当地消费者和移动电商的一座桥梁。而在这个过程中，当消费者通过微商平台感受到方便时，也将会在社交平台上进行推广、裂变，所以本地化发展的微商企业和线上发展的微商企业核心是相同的。

那么微商企业如何进行本地化发展呢？

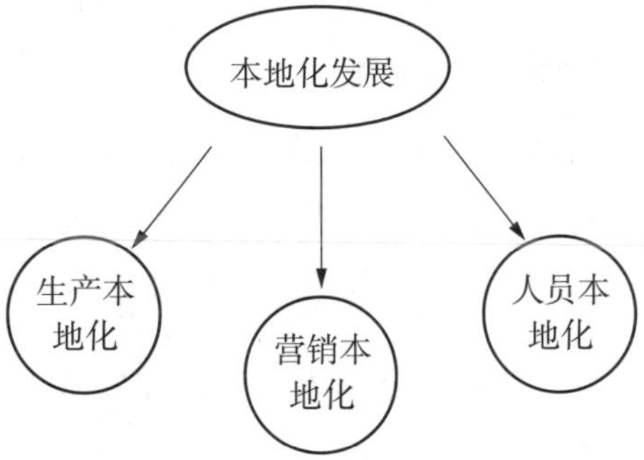

图 2－2　微商本地化发展策略

首先，生产要做到本地化。因为本地化发展的微商企业目标人群是本地消费者，而生产本地化更容易获得本地消费者的信任和青睐，有助于品牌的快速裂变。

其次，虽然微商主要营销推广是在线上进行，但是向本地发展微商企业除在线上发展之外，还可以利用其他途径进行，如本地广播、本地电视、本地报纸杂志，等等。虽然这些营销途径都是传统途径，但是对地方消费者却有着不小的影响力，并且因为扩散范围和影响力都局限在地方，营销成本也要低很多。

最后，实体微商企业的微商团队尽可能选择本地人员。每个本地人员都在当地拥有自己的社交圈子，也更了解本地消费者的购物习惯。同时微商运营或者营销使用本地人员，能够有效增加和消费者之间的亲密度和信任度，方便品牌在当地的快速传播。

◎ 将线下渠道搬到线上

对于实体微商来说，建立自己线下的销售渠道同样重要。

虽然微商最吸引人的地方之一，就在于它依托社交平台的裂变方式。但这并不代表实体企业在进入微商之后，就要放弃过去的销售渠道，将所有的精力都投入到社交平台的裂变上。

因为在传统微商模式中，商家初期销售产品都是通过自己周围的人进行，这种裂变的方式虽然有效，但是有一定的局限性。例如，微商企业的产品并不是快消品，这就出现了问题。

真正适合实体微商企业的裂变方式应该是将线下渠道一起搬到线上，这样才能发挥出实体微商企业的优势，也会让企业的微商裂变更加有效。

我们可以想象一下，作为实体微商企业线下渠道商，其人际关系网中必然有很多其他渠道商，当他们将加入微商企业的线上渠道推广开来，取得的效果将远远超过熟人朋友圈裂变。因此，微商企业要懂得将线下渠道搬到线上，在线下渠道的基础上，重视线上渠道的建设和发展。

2.2 实体微商的常见模式

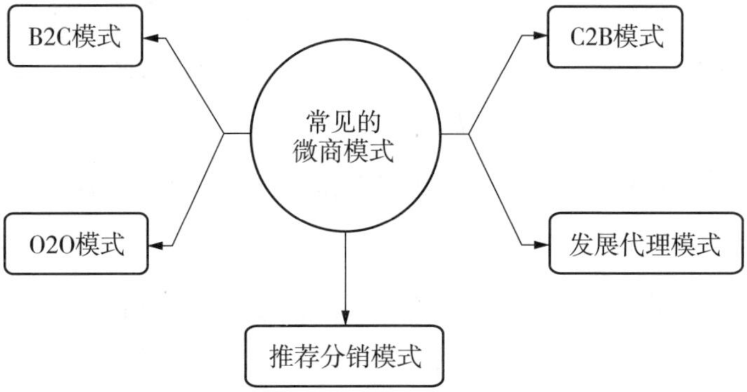

图 2-3 常见的微商模式

实体微商出现的原因有很多，如线上红利消失、线下实体不景气、微商行业面临全面升级等，在这些原因的共同作用下，实体微商就此诞生，成为众多线上、线下企业的最佳选择。

实体微商是一种全新的商业模式，也是当下非常流行的一种模式。不过，同一种商业模式，应用在不同的企业中，具体应用形式也会有所不同。这需要根据企业自身实力和实际情况来决定。因此，实体微商根据企业应用时的侧重点不同，也分为不同的模式。

实体微商的模式有：B2C 模式，C2B 模式，发展代理模式，推荐分销模式，O2O 模式。

B2C 模式（企业—消费者）

B2C 模式在实体微商模式中是最基础的模式。

B2C 微商模式要求企业必须是微信认证的服务号，然后可以在口袋通、京东微店等平台上开店。这种模式实际上还是一种“粉丝经济”，微商想要通过 B2C 和消费者实现成交，需要商家和消费者之间形成一定的情感基础和信任基础，这样才可能实现。

在微商早期，基于朋友圈红利出现的 C2C 模式微商备受指责，也正是因为这种模式的泛滥，才导致早期进入微商的从业者大多都被淘汰。相比之下，B2C 模式更加容易获得消费者的信任，消费者会感到自己的权益得到了保证。这么说的原因主要有以下两个方面：

（1）使用 B2C 模式的微商企业基于微信第三方销售平台，消费者在平台上购买产品的全过程都受到平台的监管。

（2）企业在进入平台之前，平台对企业进行资质审核，企业销售的产品和提供的服务因此有了基本保证。

同时，微商企业利用微信公众平台，微商企业更容易让客户资源沉淀于企业内部而不是外流，并且微商企业除了可以通过第三方销售平台获得流量，还可以充分利用其他社会化媒体平台上的分散流量。这些原因都让 B2C 模式颇受微商企业的欢迎。

C2B 模式（消费者—企业）

C2B 模式是先有了消费者需求，然后企业才会进行生产，这和传统商业模式正好相反，但却是未来的一种趋势。

传统电商垂直 B2C 平台上销售的产品大多都是标准化产品，在如今这样一个竞争激烈的市场环境中，标准化产品就意味着市场产品同质化严重，利润非常低，同时也意味着无论企业是否愿意，都会被卷入“价格战”当中。

和大众化的标准产品相比，那些非标准化，凸显个性或者有创意的产品，又或者专业度较高的产品更加受到消费者的欢迎，如珠宝产品。

在市场竞争越来越激烈的今天，消费者的地位正在不断提高。C2B 模式就是一种改变了传统企业和消费者关系，真正以消费者需求为核心的商业模式。

微商虽然是依靠朋友圈销售兴起，但这只是享受了朋友圈的红利，并不是一种可持续发展的商业模式。在产品方面，传统微商已经饱受诟病：品质低劣、假货横行、同质化严重都是让消费者感到不满的地方。

对于微商来说，很多时候他们也不愿意销售这种让消费者感到不满的产品，但是行业竞争激烈，价格战让他们不得不做出这样的选择，否则只能被淘汰出局。传统零售企业因为受到模式因素的限制，也很难在 C2B 模式上走得更远。

微商企业通过在微信、微博等社交媒体平台上进行口碑传播和精准营销，更容易获取第一手消费者信息。此后消费者可以通过微信平台提交订单需求，企业再按照消费者需求去生产个性化的产品。这样做不但会提高消费者对品牌的黏性和忠诚度，还可以大大提高微商企业的收益。因为和过去那些以性价比为主打的微商产品相比，消费者更愿意多花钱去购买满足自己个性化需求的产品。

在未来的商业模式中，消费者的地位越来越重要，企业的一切都将以消费者的需求为核心，因此，C2B 模式将在未来的微商模式中占据重要地位。

发展代理模式

微商自出现以来，发展代理都是其中的重要一环。商家利用各种微社交平台发展代理，建设自己的代理团队，最终实现裂变。

微商本身就具有社交属性，这就为商家建立自己的代理团队提供了便利的条件。当微商建立起一个百人的代理团队，这些级别较高的代理想要发展自己的规模，也需要发展自己的下线产品代理。这样一来，即使平均每个代理只建立起一个10人的代理小团队，企业整体代理规模就可以达到千人的规模，企业就会得到快速发展。

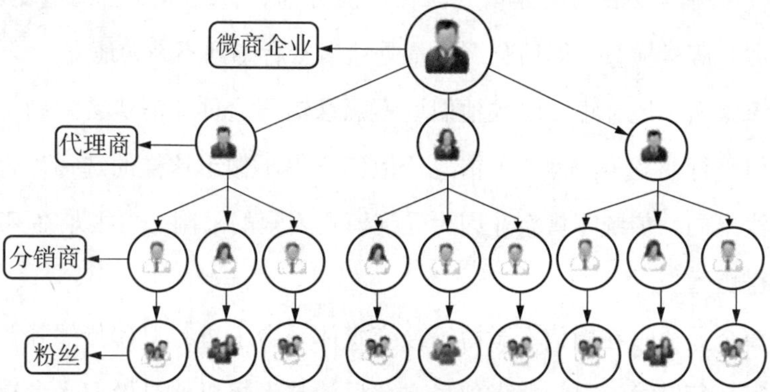

图2-4 微商代理模式

当然，要实现代理的裂变，实际操作起来有很多难关：

首先，微商是一种信任经济，这种信任既指企业和消费者之间的信任，也指企业和代理之间的信任。因此，只有和代理之间建立起足够的信任关系，并且将信任融入代理的体系当中，代理团队才能快速成长。

其次，微商代理来自天南海北，促使他们聚集在一起组成团队的最大原因就是利益。给代理的价格太低，企业就赚不到钱，价格高了，销量又上不去，要定制一个最优价格并非易事，需要不断探索和根据市场情况及时调整价格。此外，企业还要保证自己的产品品质，只有优秀的产品才能留住消费者，代理也才会有销路。

最后，企业要建立起完善合理的代理制度，保证企业在获得利润的同时，代理商也能够有所收获，而不是单纯成为微商企业的赚钱工具。

推荐分销模式

推荐分销模式可以看作口碑传播和社群营销的结合。微商企业利用粉丝对产品进行推荐或者分享，从中寻找精准用户，最终实现产品的销售。最常见的形式就是企业建立相关社群，将具有相同爱好或者有共同点的人聚集在一起，引发社群成员对产品的讨论或者推荐，继而完成产品的销售，其中推荐或者分享产品的人可以从中获益，他们的角色也就是分销商。分销者也可以直接通过朋友圈或者其他自媒体平台发布商品信息，吸引他人前去购买。

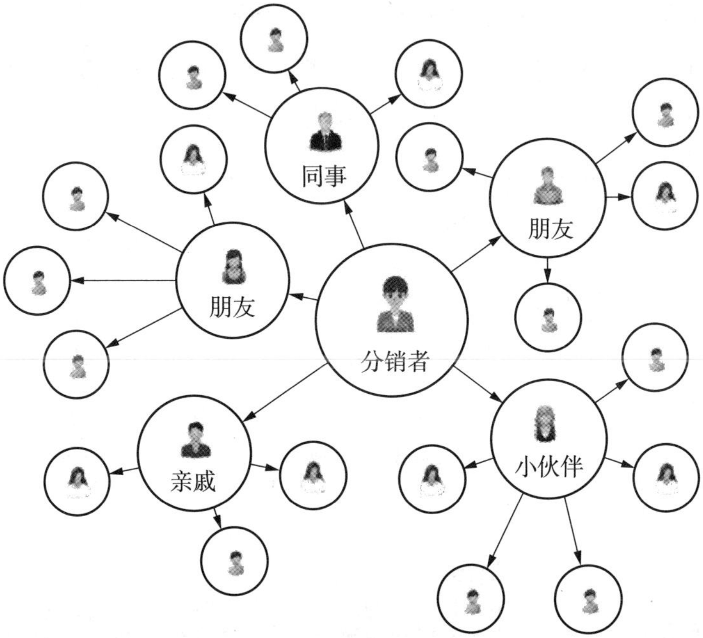

图 2－5 分销模式

例如，我们经常会在朋友圈里看有人分享产品链接，当有消费者通过朋友圈链接购买产品后，发布者就能够从中获取收益，这也是推荐分销。我们经常在朋友圈中看到的“帮忙砍价”“集赞获得优惠”则属于这种模式的延伸。

还有一种非常常见的推荐分销模式，就是一件代发。一件代发模式最初起源于淘宝，后来又出现在微商当中，颇受个人分销者的欢迎。因为采用一件代发方式，分销者唯一需要做的就是销售产品，其余一切事情都不用操心。甚至有关产品图片、信息、宣传软文都由商家负责。销售出去产品后自己也不用发货，货物会直接从商家发到客户手中。

◎ 分销式裂变

微商的裂变模式让众多企业意识到了单打独斗的时代已经过去，一个人或者一个团队自己打拼的商业模式在未来是孤独的，也是难以有所发展的。只有学会互利共赢，才能够让一个微商企业得到快速发展，招募代理，形成分销式裂变就是以互利共赢为基础的裂变方式。

简单来说，分销式裂变就是将顾客变为自己产品的销售员，利用自己的社交渠道去宣传和销售产品，然后从中获得佣金。

分销式裂变非常适合基于移动互联网社交平台的微商使用，并且它还能够为微商企业解决三大问题：①解决销售途径单一的问题；②解决推广难的问题；③解决好口碑打造的问题。

分销式裂变为企业产品提供了更多销售途径，可以明显提高产品销量，同时在分销者的扩散下，企业的知名度也会快速得到推广，实现口碑传播，这对于很多刚加入微商的实体企业，无疑是一种非常好的裂变方式。

◎ 让消费者转化为销售员

虽然分销式裂变是一种互利共赢的方式，但是想要将客户转化为销售员并不是一件容易的事，需要一定的技巧。

与传统电商相比，微商有一个非常明显的优势，就是情感营销的优势，情感营销则是将客户转化为销售员的最有力工具。

因为现在是一个社交时代，依托于社交平台的微商更是离不开社交。所以，微商企业和客户需要建立的不是买卖关系，而是社交关系，应该同客户成为朋友。当双方建立起社交情感，有了一定的信任基础之后，接下来微商需要做的就是将好的产品推荐给客户，而不是想方设法将产品销售给客户。

当客户对微商有了信任基础，对产品也有了好的体验，并且进行分销还可以赚取佣金时，自然就会愿意成为微商产品的分销人员。

只是一心想要将产品销售给客户，即使销售成功，微商得到的也只是一个普通成交客户。在分销式裂变模式中，普通成交客户并不重要，重要的是客户愿意成为自己的销售人员。一个销售人员能够为微商企业带来的好处要远远大于一个普通成交客户带来的好处。

◎ 规范运营分销式裂变

分销式裂变是一种非常适合微商使用的模式，但是由于微商初期经历过一段野蛮生长时期，这让很多人对微商产生了误解，戴着“有色眼镜”看待微商的所有行为。而分销式裂变的模式又让一些不了解的人很容易误以为是传销，所以微商企业在运用分销式裂变时需要特别注意这一点，严格按照规范去运营分销式裂变，减少大众对微商产生的误解。

规范运营分销式裂变企业需要注意下面几点：

（1）在模式运营过程中，产品必须处于核心位置，模式推广的方式也应该以推荐产品开展，分销商佣金只能通过销售产品获得。无论何种商业模式，产品都是最重要的，因此微商必须保证产品优秀。

（2）当客户成为分销人员之后，可以按照自己的想法进行分销，微商企业不能强行要求分销人员进行囤货，或者微商也可以选择自己直接发货的方式。

（3）销售的产品有公正、透明的价格体系，并且还要有相应的退货机制。

O2O 模式

在电商刚刚崛起时，O2O 模式就被不断提起，成为电商中的热门话题，也成为面对电商大潮，实体企业的唯一出路。

然而，如今线上电商红利已经消失，增长已到达天花板。微商经历了几年的发展，也进入了 O2O 的时代，微商 O2O 模式就成为实体企业的一条新出路。

我们知道，现在微信的移动支付功能已经深入到了线下支付市场，而支付功能是 O2O 模式中重要的一环，所以如今微信已经完成从线上到线下的 O2O 商业闭环，O2O 模式开始进入微商企业的视野，实体微商其实也是在微商 O2O 模式的基础上发展起来的。

我们都知道，线上发展是没有地域限制的。不过对于一部分行业来说，因为行业的特点，他们无法在线上突破地域限制进行发展，如餐饮业。一个餐饮门店即使采取连锁方式发展，也依然受到实体门店辐射半径的影响。对于这些行业来说，微商本地化发展的 O2O 模式就比较适合。

采取本地化发展获得信任的微商企业不需要考虑将企业覆盖范围做得多广，只需要比普通实体门店覆盖范围稍微广一些就行，然后通过微信途径进行口碑传播。

任何一种商业模式都是建立在消费者和商家信任基础上的，没有信任的基础，就不可能有成交。所以如何获得信任就成为商家首先考虑的事情，特别是对于高度依赖信任的微商经济。而本地化发展的企业在获取消费者信任上就有着天然的优势（针对本地消费者），因此更容易实现口碑传播。

微商本地化发展的 O2O 模式适用范围非常广，如今也非常常见。最为常见的就是我们去饭店吃饭，关注饭店公众号再进行分享就可以获得优惠；又或者我们去品牌店买东西，商家告诉我们关注微信公众号就可以得到折扣，这些都是微商本地化发展的 O2O 模式。

对于传统线下企业来说，O2O 已经成为一种必然。而传统电商现在已经步入困局，传统企业的 O2O 只能向微商发展。但是传统企业单纯依靠微商 O2O 模式是无法改变企业困境的，必须要和其他模式相结合才能改变现状。

例如，传统零售企业转战微商，就需要先从 O2O 模式入手，打通线上线下，然后再从发展代理模式入手，依托实体发展代理。企业有实体存在提高了代理对企业的信任，也让发展代理工作更容易展开，最终建立起自己的代理团队，从而实现裂变。

第 3 章
CHAPTER 3

什么样的企业做实体微商容易成功

3. 1　有思维：思维决定了实体微商的高度和深度

信任思维：经营实体微商就是经营信任

◎ 曾经饱受质疑的微商

微商从诞生以来吸引了无数人加入，有无数人利用微商实现了自己的抱负和梦想，但是外界对微商的质疑声音一直存在，新闻媒体也曾不止一次报道过有关微商的行业乱象，这让很多大众对微商充满了不信任。

微商是移动互联网快速发展下出现的产物，商家主要依靠微信等社交媒体平台对产品进行销售，从业者既可以是企业，也可以是个人，这就意味着微商行业入行门槛较低，几乎人人都可以进入。而微商主要营销模式就是在各种社交媒体平台上，利用自己的朋友关系网进行销售，实际上就是一种依托于“朋友”间信任关系进行的销售，一旦双方的信任关系破裂，销售也就无法继续。

“入行门槛低”，依托“信任关系”，当这两个微商标签放在一起之后，就不难想象会发生什么事情，也就不难理解为什么在微商快速发展的同时，质疑声音从没有间断过。微商是一种信任经济，而在微商快速发展的初期，入行门槛低让无数人纷纷投入其中，其中不可避免地存在一些缺乏诚信的商家或者个人，给微商行业造成了不良的影响。

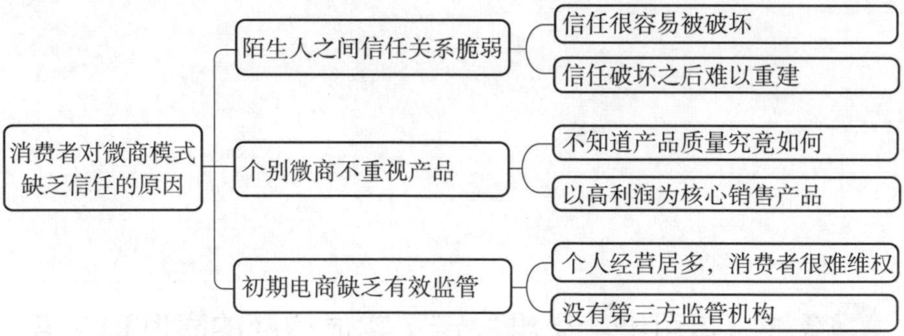

图3－1 消费者对微商模式缺乏信任的原因

首先，在微商行业中，人和人之间的信任关系都是非常脆弱的，尤其是在陌生人之间。因此当部分消费者被个别缺乏诚信的微商欺骗之后，双方的信任关系破裂，同时破裂的还有消费者对微商的信任，质疑声音也就此产生，将微商推到了风口浪尖。

其次，一部分微商因为是个人经营，在选择产品时只是一味地追求高利润，完全不考虑其他因素，自己对于产品来源都不了解，产品质量也就无从保证。并且还有很多微商从业者认为产品如何并不重要，只要营销推广做得好就可以将任何一种普通产品卖出高价格，赚取高利润。

在这种思维的影响下，这些微商只重视营销宣传，并且有时还会进行虚假宣传，去销售一些三无、伪劣，甚至自己都不知道来源的产品。

以微商最典型的面膜产品为例，媒体曾对此专门做过调查，调查的结果是微商里被推广得神乎其神的面膜，很多都来自黑作坊，产品使用不但没有什么效果，反而对人体有害。此外，媒体还报道过一些微商“假代购、高仿货”的事件，这些事件在不断削弱大众对微商这种商业模式本来就不多的信任。

最后，与传统电商相比，初期的微商在监管方面非常欠缺。因为很多微商都是个人经营，所以经常会出现投诉无门、没有退换货渠道的情况。

消费者在通过微商购买到劣质产品之后，经常会被一些无良商家拉黑，无法维护自身的权益，至于商家相关信息更是一无所知。而对于那些无良商家来说，自己销售的产品利润都非常高，也不需要回头客。当引起太多消费者不满之后，最多重新换号再销售就行。

超低的违规成本和超高的产品利润让无良商家层出不穷，也让一部分消费者对微商敬而远之，甚至一看到朋友圈中有微商广告就贴上“骗子”的标签，然后直接屏蔽。

◎ 微商的成功之路，信任贯穿始终

微商是一种建立在信任基础上的商业模式，实体微商虽然拥有实体做保障，但是想要通过社交媒体传播，企业必须用自己的信用为产品背书。

信用是一切经营活动的基础。

传统电商很多都依托于第三方销售平台建立，消费者对商家信用的了解需要很长时间的积累。微商传播是基于有社交关系的人之间进行的，其中很多都是熟人传播，传播者之间更容易建立起信任关系，促进产品的成交。

例如，大多数实体微商企业线上销售都采取“先付款、再发货”的模式，但消费者愿意去相信企业，这就是因为消费者相信商家的信用。传统基于第三方平台建立的电商在销售模式上也是如此，不过区别在于，对于新顾客来说，愿意先付款是基于第三方平台对商家有约束力，而不是因为信任商家。

所以，信用是微商的基础，也是实体微商企业的生命。

做微商首先要和消费者建立社交关系，从陌生人变成熟人，从弱关系变成强关系，建立起这种关系的前提是信任。

没有人愿意和一个自己不信任的人建立正常的社交关系，这也是人的本能。两个刚认识的朋友之间也许关系非常脆弱，但也是基于一定信任才建立的，没有信任也就没有社交关系。

成交同样是建立在信任的基础上。

产品出色是消费者购买的一个重要原因，不过促进成交除了产品出色，还有一个非常重要的原因就是信任。如果消费者不信任商家，就不可能相信商家对产品的宣传，自然也就不会相信产品的质量。

微商是社交经济，通过社交平台，实现商家和消费者之间的近距离交流，并且利用熟人关系，进行产品的分享和推荐，促进产品的成交。当微商和消费者建立起了信任关系，销售产品就像是朋友之间的聊天一样，成交率自然就非常高。

而在传统电商中，商家和消费者之间缺乏基本的信任，因此，在消费者心中商家就一直处在对立的位置，认为对方的最终目的是将产品销售给自己，从自己身上赚取利润。这样一来，双方之间的沟通就存在隔阂和障碍，成交的难度就会加大。

◎ 经营微商企业就是经营信任

商家和消费者之间的一切经济行为都需要信任参与其中，不过微商更加倚重商家和消费者之间的信任关系。因为微商在很多时候都需要将陌生人转化为客户，在这个转化过程中，信任起到了决定性的作用。

在商家将陌生人转化为客户第一次购买产品之后，虽然双方已经建立起了信任关系，但是关系还非常脆弱。如果此时客户发现产品品质存在问题，信任关系立刻就会荡然无存，同时客户会感觉到自己受到了欺骗和伤害，甚至有可能因此开始对商家进行负面宣传，这将会给商家带来非常大的影响。

在上面三种原因的共同作用下，一部分人会对微商充满不信任，认为微商不可靠，还是实体门店或者传统电商平台更加可靠，这将给传统微商的发展之路蒙上一层阴影。

◎ 实体+微商： 逆转信任

仔细分析大众对微商不信任的前两个原因，会发现根本原因就在于买卖双方交流的全过程都是通过线上，消费者对于商家线下的情况完全是一无所知。也许有人会说，现如今很多电商都只做线上不做线下，一样可以做得很好。这时就要提到微商不被信任的第三个原因：缺乏有效监管，这也是微商和传统电商相比的一大不足之处。

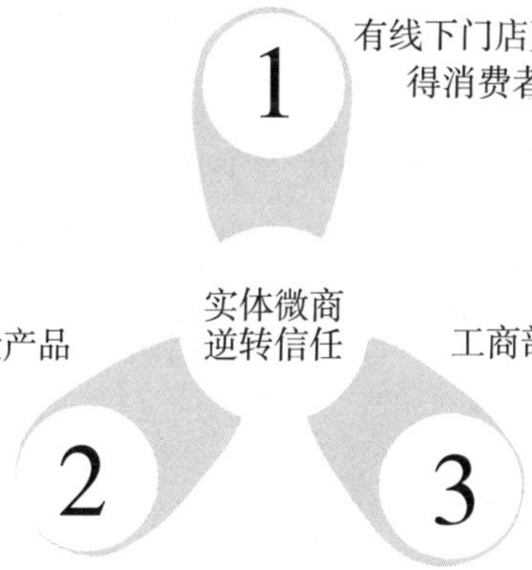

图 3－2　实体微商逆转信任

此时我们就会发现，日渐不景气的传统实体店所具有的优势刚好可以完美弥补微商在消费者信任上的不足之处：有线下实体门店的，消费者可以对商家信息和实力有一定的了解，大大减少了出现问题之后找不到商家的情况；开设实体门店需要在工商部门登记备案，这样也就有了有效的监管。

同时，在传统微商的经营理念中，一切经营活动只在线上进行，实体门店和微商相结合打破了微商线下和线上的壁垒，消费者可以先到实体门店了解和试用产品，然后再通过线上方式选择购买，这种方式可以提高客户转化率和重复购买率，更重要的是，这将改变消费者对微商的刻板偏见，大大增加消费者对商家的信任度，让微商的“不可靠”成为过去式。

品牌思维：让自己的产品成为被锁定的 70%

◎ 实体微商的品牌意识

在微商发展初期，行业参与者多数都以个体为单位，进行单打独斗，没有强烈的品牌意识。在经历了一段时期的发展之后，随着微商参与者的迅速增多，一部分商家开始意识到品牌的作用。但他们也只是寻找代工厂去生产产品，然后贴上自己的品牌。

对于实体企业来说，品牌是企业的灵魂。因此，实体企业在踏上微商之路时，依然需要保持企业的品牌意识。只有这样，企业的微商之路才可以长久持续。

如果我们注意观察会发现，在一个成熟的市场当中，虽然品牌的数量可能会很多，但是大部分市场都被寥寥可数的几个龙头企业占据，如果企业在发展途中没有建立品牌意识，也就不可能最终成为行业里的龙头企业。

无论企业采用什么样的商业模式，产品总是需要放在首位。因为将企业和消费者紧紧关联在一起的就是产品，如果消费者对产品不满意，那么企业和消费者的关系也就解除了。所以，实体微商企业还需要拥有“产品是根本”的思维。

企业要牢记：品牌是做出来的，而不是炒出来的。

在电商兴盛的时代，无数企业依靠互联网线上红利大赚特赚，这就给后来的电商企业带来了一种思维：只要营销宣传做得好，企业就能做得好。于是，一部分企业就将所有精力都放在了产品的营销宣传上，忽视了真正应该关注的产品。最后的结果就是企业的客户大都是一次性客户，很少有稳定的客户。

如果要列举做好微商的关键词，必然是“获得信任”“培养粉丝”“口碑传播”“裂变发展”。只有将这几个关键词做好，实体微商企业才能够有所成就。然而过多地将精力和金钱投在产品炒作上，忽略了产品品质，就和微商的四个关键词背道而驰，微商企业是不可能长久生存下去的。

因此实体微商企业必须意识到产品是做出来的，而不是靠炒出来的，好的产品是开展微商的基础。

并且，使实体微商有别于其他同类微商的，是实体微商有意识、有能力去满足消费者的个性化需求。

随着生活水平的提高，消费者对产品的需求不再局限于传统使用功能和使用价值上，开始追求个性化。因此，实体微商企业在产品上要考虑消费者的个性化需求。

与传统商业模式相比，微商是建立在社交平台上的一种商业模式，社交属性明显。因此实体微商企业更容易获得消费者的需求信息。而个性化的事物本身就易于社交平台的传播，所以，实体微商企业可以在获得消费者的需求信息后，生产出满足消费者个性化需求的产品，再利用口碑传播、分享传播，产品自然会吸引大量的粉丝。

◎ 为你的产品注入产品精神

实体微商是一种全新的商业模式，和传统微商相比，实体微商更加受到企业的青睐，因为它是以实体为根基进行发展的，而不是仅依靠线上发展。也就是说，实体微商虽然为企业提供了更多发展思路，但是最终都不能脱离实体，因为实体是微商企业的硬实力。

在实体企业的硬实力当中，产品永远都是排在首位的，这也是一个企业的根本所在。所以，实体微商的发展依然要回归到产品上。

在实体微商模式当中，企业如何做才能够通过产品获得竞争力呢？这就需要在产品中注入产品精神。

虽然很多实体微商企业每天都会将“产品精神”挂在嘴边，但是真正理解产品精神、能够为产品注入产品精神的企业却屈指可数。

那么究竟什么是产品精神？

我们可以将产品精神看作是产品除使用功能之外所具有的附加价值。

多数消费者在购买产品时首先考虑的都会是性价比，然后从众多产品中选出性价比最高的产品购买。如今众多企业都被产品同质化严重的问题所困扰，企业想要从产品性价比上有所突破已经非常困难。

同质化意味着性价比接近，此时产品精神就起到了关键的作用，它将成为影响消费者购买选择的决定因素。如果一个产品的产品精神足够吸引消费者，那么即使产品价格较高，也不会影响消费者对产品的喜爱。

例如，大家最为熟悉的苹果手机。在过去很长一段时间里，苹果手机为消费者所带来的不只是使用价值，它已经成为一种高端的象征，这就是产品精神，也是苹果手机的市场竞争力所在。

未来微商行业无论怎样发展，有一点是所有从业者都认可的，这就是竞争将会越来越激烈。面对激烈的竞争，实体微商企业唯有为产品注入产品精神，才能充分发挥自己基于实体的优势。

所以实体企业在发展微商的时候，首先要在产品中注入产品精神。如果实体企业在向微商发展的道路上依然只将注意力放在产品使用价值上，除非企业能够创造出性价比远高于其他企业的产品，否则很难在微商市场中立足。

社交思维：从经营产品到经营口碑

◎ 六度分隔理论

在社交学中有一个理论叫作六度分隔理论：你和任何一个陌生人之间所间隔的人不会超过六个，也就是说，最多通过六个人你就能够认识任何一个陌生人。如果从微商裂变的角度看待这个理论，就会发现社交对微商企业来说是如此之强大。

微商这种基于移动互联网和社交平台产生的商业模式，刚好为六度分隔理论提供了适合发挥的空间，所以，实体微商企业需要意识到社交是关键。

◎ 从“卖货思维”到“社交思维”的转变

很多初入微商的人都会经历这样一个阶段：疯狂地加粉，希望粉丝越多越好，之后就开始刷屏卖货。结果呢？他的产品几乎无人问津。

微商需要社交，社交就是经营和消费者之间的关系，培养他们成为自己的忠实粉丝。如果没有建立起关系，直接刷屏卖货，自然没有人愿意成交。

所以，实体微商在面对粉丝的时候，先要抛开卖货的思维，去思考如何通过社交和他们建立起关系，让他们成为自己的忠实粉丝。在完成这一步之后，不需要过多地刷屏，也会不断有成交。

◎ 重视口碑所带来的流量

虽然传统电商也有口碑传播，但是受到传播途径的限制，以及造假情况严重（刷好评行为），其口碑传播效果比较一般，现在大多数人也已经对电商口碑造假有所了解。

微商的口碑传播基于有一定社交关系的人之间进行，传播的信息更容易得到信任，然后通过社交平台迅速传播。

一个成功的微商企业，即使脱离了微商平台，粉丝也依然会购买它的产品。因为粉丝对企业的信任是建立在良好口碑上的，和所在平台没有太多的关系。同样的情况放到传统电商中，一个淘宝店离开淘宝网转战其他平台，粉丝数量必然会直线下滑。

同时，扩大流量入口很重要。

诸如微信、微博这样的社交平台本身就是一个规模庞大的流量入口，并且用户每天都会在这些平台上耗费大量时间，微商的主要流量就来源于此，这也是微商模式出现的根基所在。所以在寻找流量的时候，微商企业要着重从社交平台流量入手，而不是像传统企业那样，过度依靠广告营销、搜索优化等手段。

人格化思维：企业应致力于成为最好的自媒体

◎ 创造和传递信息的企业自媒体

每一个采用实体微商模式发展的企业在社交平台上都是一个自媒体，

所以营销需要的不是广告，而是优质、可以打动人的内容。

在移动互联网时代，人们将大量的时间都花费在社交平台。在这种平台上，每个人既是信息创造者，也是信息传递者。但是随着加入社交平台的人越来越多，信息也越来越多。每个人都可以成为信息创造者，但是如果没有传递的人，创造出来的信息就毫无意义。

在社交平台上每个人每天都会收到大量的信息，不可能将每一条信息都进行传递转发，也没有这个义务。只有信息能够打动他人，让他人有转发的动力，才会获得转发。这个动力通常就是信任或者情感。

这里的情感并不一定指信息制造者和分享者之间有什么感情，而是分享者看到消息之后或者高兴，或者难过，或者同情，于是就会转发消息。如今一些假消息也会利用社交平台迅速传播，很多时候就是因为传递者是基于自己的情感进行传递，而非事实。

◎ 在营销中加入情感

真正懂得微商的企业不会进行“密集轰炸”式的营销，因为他们懂得粉丝是宝贵的资源，密集轰炸只会引起粉丝的反感。只有在营销中加入情感，粉丝才会愿意看你的信息，然后向他人分享你的信息。

正面情感和负面情感都可以让粉丝传递信息，不过从微商的角度来看，更多采用的是正面情感促进信息的分享，从而达到成交的目的。

举一个很简单的例子：一个做护肤品的微商企业经常会发一些有关皮肤护理的文章。这里需要说明的是，文章的内容不是网络上东拼西凑的，而是企业原创，并且文章不像一些微商企业发布的内容，稍微扫两眼就可以感觉到强烈的软文气息。当有粉丝皮肤出现问题时，企业微商客服会帮助粉丝判断问题，但除了粉丝询问不会直接推荐产品。当粉丝购买产品之后，客服还会定期回访粉丝使用情况，然后根据情况提醒粉丝们应该注意什么。这种营销带来的结果就是粉丝成交率极高，忠诚度也极高。

微商的同质化如今已不仅体现在产品身上，同时还体现在营销推广上，老套的文案、毫无新意的方式，这些都让粉丝产生了审美疲劳，甚至有些微商直接复制他人的文案，稍加改动就直接使用。

这些内容都是消费者不想看到的，也是比较反感的。所以微商企业需要意识到内容营销需要创新，自己必须要有足够创新的文案，才能打动粉丝，让粉丝去分享自己的内容。

裂变思维：团队和流量的双重裂变

如何做好裂变一直是微商的重要话题，对于实体微商来说，裂变也同样重要。裂变分为两个维度：团队的裂变和流量的裂变。

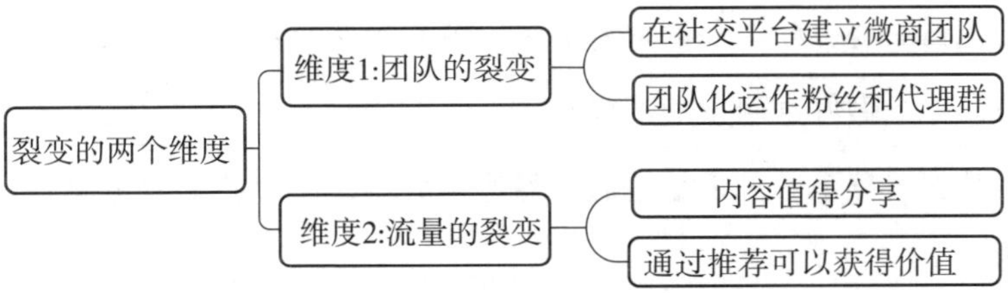

图3-3 裂变的两个维度

◎ 维度1：团队的裂变

实体微商不是仅靠微商企业就可以成功的，微商企业除了在内部需要建立专业的微商运营团队，还需要在社交平台上建立起自己的微商团队，这样微商才能发展起来。

微商需要粉丝的力量，合理地利用粉丝帮助自己进行宣传，就可以实现口碑营销，此时，粉丝就是微商企业营销团队中的一员。

既然是一个团队，就需要进行管理和运营，需要让企业品牌对粉丝持续保持足够的影响力，提高粉丝团队的活跃度和凝聚力。

对于现在的微商来说，单打独斗的时代早已过去，只有拥有团队思维，团队化运作自己的粉丝群，才能在微商中生存下去。那些仅靠个体力量在微商中打拼的参与者早已被行业淘汰。这里的个体力量不仅指个人微商，同样也指那些不懂得团队运作粉丝群的微商企业。

微商从2012年开始出现，如今已经发展了5年多，经历了4个时代，如今正在迈向第5个时代，期间商业模式也发生了翻天覆地的变化。但是无论微商模式如何变化，裂变始终是微商的核心，这一点一直没有改变过。因此，实体企业在转向微商时，必须要拥有裂变的思维，通过裂变的方式，才能让企业微商发展壮大。

目前，微商的裂变主要依靠发展代理和熟人网络扩散，而这两种模式都需要通过社交来实现。

◎ 维度2：流量的裂变

使流量裂变，粉丝和消费者增多，核心有两点：一个是分享，另一个是推荐。但是做好这两点却不容易：

为什么要分享？一定是你的内容值得分享，所以我们要分享值得分享的内容。

关键1：值得分享的内容

分享一直是流量裂变的最优途径之一。微商企业在社交平台运营品牌，就是为了增加品牌的影响力，获得大量粉丝。当品牌拥有一定的影响力和粉丝群体后，微商企业所发布的营销信息就会很容易获得粉丝的信任，从而促进粉丝的购买行为。

同时粉丝还会出于对品牌的信任，将信息分享给周围的人，继而将周围的人也转化成品牌的粉丝，继续进行扩散，裂变就此产生。

分享裂变也是微商崛起的一个重要原因。如果一个微商企业不懂得分享裂变，只是一味地在社交平台刷广告，那这样的企业不过是在社交平台做传统电商而已。只有拥有分享裂变思维，思考什么样的营销内容才是粉丝愿意看到的、愿意分享的，营销裂变才能完成。

关键 2：推荐获得价值

除了分享，推荐也是微商流量裂变的核心途径。

凭什么别人要推荐你的产品/信息？一定要能够获取好处和利益。所以要提供值得对方推荐的利益，这个利益可以是产品为他们带来真正的价值，也可以是推荐产品可以获得实惠。

随着时代的发展，消费者购物习惯也在不断地发生变化。从传统实体购物到全民电商购物，再到如今的移动电商购物，消费者购买商品变得越来越容易。但也正是因为购买变得更加容易，消费者的选择也在不断增多。面对商家花样繁多的营销宣传，很多消费者会显得有些选择困难。

此时，当有熟人进行产品推荐，帮助解决消费者困难时，绝大多数消费者都会欣然接受推荐。即使没有选择困难的人，面对素未谋面的商家和有信任基础的熟人，自然也更愿意接受熟人的建议，选择被推荐的产品。

3.2 重服务：让服务贯穿购买的每个环节

售前服务：基于了解的沟通体系

随着市场环境的发展，消费者在商业行为中的地位已经越来越高。无论未来的商业模式发展成什么样，必然都是将消费者放在最中心的位置。因此，对于商家来说，如何让消费者更加满意就成为非常重要的问题，而对实体微商企业更是如此。

因为微商既是一种社交经济，也是一种信任经济，需要商家和消费者建立起良好的关系。如何做到这一点呢？答案就是提供更人性化的服务，让消费者更加满意。

◎ 问题1：客户是谁——明确客户的身份和购买咨询记录

微商做的不是一次性生意，更多时候需要回头客，这也是为什么强调需要忠实粉丝的原因。不过，作为微商代理，每天都要和大量的客户接触沟通，所以一部分客户即使购买了几次产品，也不一定能够立刻想起来，只能依靠过往聊天记录帮助回忆。

不过聊天记录也并不是每次都可靠，也许客户沟通或者购买并不是每次都使用微信，此时，如果对客户过往记录不能确定，就需要先通过购买记录或者 CRM 软件查询，然后再和客户沟通。

因为客户在购买过几次产品之后，就会产生一种心理预期：我购买了几次商品，已经是忠实客户了。当客户抱着这种心理预期和微商沟通，却发现微商根本不记得自己，或者弄错了自己的过往信息，这就和客户的心理预期有较大的反差，客户会因此对微商产生不满的情绪，认为自己没有受到应有的重视。在这种情绪的影响下，微商很难开展后续的工作，客户也非常容易丢失。

◎ 问题2：客户需要什么——明确客户的需求和痛点

智能化服务的出发点是为了让客户更满意。想让客户满意，就需要了解客户的需求，找到他们的痛点。

找到客户的需求和痛点，最有效的方式是和客户直接进行沟通，让客户主动说出想要的信息，这样获得的信息是最准确和有效的。不过，很多时候客户并不愿意与客服过多地交流，也不愿意将信息告诉客服，这时就需要客服自己去寻找这些信息，朋友圈就是一个不错的信息收集渠道。

现在很多人都喜欢发朋友圈，朋友圈的内容大都和生活或者工作相关，所以只要细心观察，就可以从中获得大量有用的信息，如客户的兴趣、习惯、工作状况、经济实力等。并且通过这些信息，客服可以找到和客户之间的共同话题，有了共同话题才更容易沟通，了解客户的需求和痛点。

售中服务：基于信任的成交体系

微商区别于传统电商，因为微商是否能够成交，在很大程度上取决于商家和客户的沟通过程。不过，虽然微商和客户之间沟通的最终目的是成交，但是，微商必须要明白一点：成交要建立在信任的基础上。

在微商和客户沟通的过程中，应该有 90% 的时间都是用来建立客户对微商的信任，最后一步才是成交商品。因此，微商与其将大量的时间和精力都投入在如何开展营销活动上，还不如先去思考如何获得客户的信任。建立起信任关系之后再进行推销，此时推销才能得到更好的结果。

◎ 以确定的态度面对客户的问题

一些刚从事微商代理的人因为对产品知识的缺乏，或者对自己缺乏信心，对客户提出的一些问题不敢用确定的态度回答。

采取这种方式可能是担心自己的回答是错误的，所以用模棱两可的态度对待客户的问题。这种做法看上去似乎考虑得非常周全，但是这些微商代理却不知道，实际上这种做法反而会让客户对微商产生怀疑。

如果微商代理是新人，或者新代理了一款商品，自己对其还不够了解，就必须快速去熟悉，做到在回答客户问题时有足够确定的态度，避免因为不确定而失去成交的机会。

所以，在和客户沟通的过程中，微商代理要注意尽量少使用“应该”“可能”“也许”等词语，因为这些词语都会加强客户对微商的不信任感。

即使在和客户沟通的过程中，真的遇见了一些无法确定的问题，也可以选择咨询微商团队中的其他人，获得确定答案之后，再回复客户。虽然等待并不是客户喜欢的一件事情，但这也比给出不确定答案要好。

◎ 避免同时和数位客户沟通

对于很多微商团队来说，一名客服人员同时和多名客户进行线上沟通已经被看作是理所应当的事情，部分人甚至还认为这是一种高效的表现。真的是这样吗？

当然不是。每个人的精力都是有限的，因此微商客服同时能够沟通客户的数量也是有限的。假如一个客服被迫和多位客户聊天，只会分散客服的精力，让他同每一个客户都无法沟通到位。

也许有人会说：“那同时有多位客户咨询，又没有多余人员，难道要让客户等待吗？”是的，就是应该让客户等待。我们可以思考一下，假如自己是客户，在咨询产品时，是希望客服每句话都要间隔一两分钟才回复，并且有时还可能答非所问，还是等待一段时间，可以和客服进行高效的沟通呢？相信大多数客户都会选择后者。

◎ 多样化的沟通途径

微商是在微信基础上发展起来的一种商业模式，因此，多数时候微商都习惯于通过微信和客户进行沟通。

通过微信和客户沟通并没有什么问题。不过，我们需要知道，虽然微信是微商的主要沟通工具，但它并不是微商和客户沟通的唯一工具。在当下这个行业竞争激烈并且市场被买方所主导的时代，微商的一切行为都应该以客户为中心去考虑。

不同客户有不同的喜好，这种喜好有时是没有理由的，就是单纯的习惯。例如，有的客户喜欢通过微信沟通，而有的客户虽然使用微信，但是不一定喜欢，也许觉得微信沟通太麻烦，喜欢用电话沟通；或者客户感觉微信不习惯，还是喜欢用QQ沟通。

所以，微信并不是微商唯一和客户沟通的方式，要采取多样化的沟通途径。

售后服务：基于珍惜的维护体系

◎ 懂得珍惜每一位客户，才能让客户拥有良好的购物体验

我们经常会说“顾客就是上帝”，然而在现实工作中，真正能够做到这一点的微商企业却非常少。

更多时候，客户在微商企业眼中不过是赚钱对象而已。常说的用户体验也只是落实在口头上，当用户体验和企业利益发生冲突时，这些企业会毫不犹豫地扔掉体验，只保留利益。

只有那些真正懂得珍惜自己每一位客户的微商企业，才会在客户体验

和利益发生冲突时，依然将客户体验放在首要位置。

笔者的一位学员是做保温杯的。一次，客户花了180元购买了保温杯，但是在发货3天之后，这位客户怒气冲冲地联系到了客服，告诉客服："你们选择合作的快递简直太糟糕了，给我送快递的时候家里没人，连电话都不打，就直接将快递放到了门口的竖井里，直到我去查询才告诉我在哪里，并且等我去找的时候，快递已经不见了。"

绝大多数微商客服遇到这种事情时，首先会让客户先等待，然后与快递进行联系，最后再帮助客户解决问题。个别微商则会逃避责任，直接将皮球踢给快递，让客户和快递去协商解决。

第一种处理方式是最常规的处理方式，但是这种解决方式无疑会影响到客户的购物体验，至少客户不会认为这次购物过程是美好的。第二种处理方式则会给客户带来非常糟糕的购物体验。

学员的客服面对客户的不满，却采用了第三种处理方式：

客服在听完客户的话之后，先是给客户道歉，然后表示今天就可以换一家快递公司补发一个保温杯，或者客户也可以选择退款，现在就能办理。

微商客服的处理方式让客户感到有些吃惊，因为虽然客户怒气冲冲地找到客服，但是也知道这种事情多半要拖一段时间才能够得到解决，然而客服却立刻就解决了问题。客户的不满情绪立刻化解了，并且对商家的好感度也提高了不少。

最后这位客户选择了让商家补发商品，他也成为该学员经营微商品牌的忠实粉丝。

一部分微商认为和客户成交之后，关系就暂时中止了，但实际上成交之后的服务工作也是维护客户关系非常重要的环节。因为在成交之前，商家的一切服务和行为在客户眼中都是以实现成交为目的（一部分微商确实是这么做的），所以，只有在成交之后提供的服务，才能为客户带来更好的购物体验，提高客户的重复购买率。

例如，在货物发出后及时通知客户，在显示货物已经签收后及时与客户沟通进行核实，客户收到商品后出现了问题，需要及时给客户解决问题，减少给客户带来的负面影响。

懂得珍惜自己的每一位客户，是企业为客户创造良好购物体验的基础。

只有时刻牢记这一点，企业才会真正重视客户的购物体验。

3.3 懂社群：不断进化的社群微商

社群营销成功的关键

在微商模式当中，社群微商一直都占据着非常重要的地位。从最早的博客到如今的公众号、微博，社群微商一直伴随着微商的成长，并且在不断地进化中。

◎ 什么是社群

社群的出现实际上远早于微商，甚至是电商。早期的互联网论坛其实就是一种社群，只不过当时还没有社群的概念，再结合现在的微博、公众号等社群平台，我们就会发现虽然社群需要一群人聚集在一起，但是并非所有聚集在一起的人群都可以称为社群。最重要的是这些人聚集在一起是基于一个共同的价值点，他们之间拥有同一个共性，这样的群体才能被称作是社群。并且在社群当中，成员之间的交互也是基于这个共同价值点来维系，最为常见的社群共同价值点就是兴趣。例如，我们常见的旅游爱好群、运动爱好群等。也有基于拥有共同目的、共同经历而建立起来的社群，如创业群、意外事件群等，这些社群也都基于一个共同的价值点。

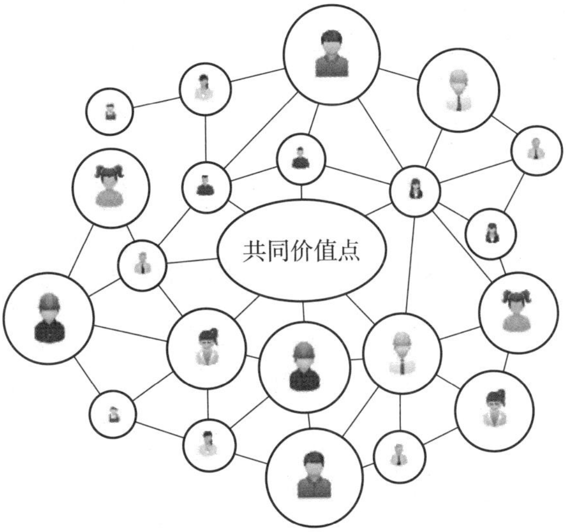

图 3－4　社群成员是基于一个共同价值点

◎ 社群为企业节省了获取信息的成本

每一个企业都希望利用有限的资源投入，换来最大的营销效果，但是在如今这个信息爆炸的时代，虽然企业获得信息的精度比过去提高了数倍，但相对应地，获取信息的成本也高得可怕，甚至到了让很多实体企业望而却步的地步。

社群是基于一个共同价值点所建立的群体，这就等于为企业先一步对个体信息进行了筛选，大大降低了企业获得信息的成本，而且提高了企业获得信息的精度。

例如，一家销售健身器材的企业，需要的社群就是健身社群。因为健身社群中的所有成员都是基于健身这个共同价值点聚集在一起，而健身离不开健身器材，这也就代表着健身社群中的所有成员都是企业的潜在客户。

◎ 社群营销成功的关键：核心价值

想要充分利用社群营销，首先要先明确社群的核心价值。

对于社群成员来说，加入一个社群需要考虑的是社群的共同价值，而对于微商来说，建立一个社群需要考虑的不但是共同价值，还需要考虑社群的核心价值。这个核心价值既是自己建立社群生存的基础，也是社群未来发展的方向和定位。

假如一个实体微商是做足球产品的，那么他想要建立的社群自然是足球爱好者社群。“足球爱好者”只是社群的共同价值点，考虑是否应该加入社群的人会参考这个共同价值点。

但是对于企业来说，互联网上有关足球的社群不计其数，自己凭什么能够吸引那些足球爱好者加入呢？当足球爱好者加入自己的社群之后，又如何让他们保持活跃度，不变成“僵尸粉”？是自己的社群经常举行线下足球活动，还是提供最新的足球相关信息？

这就是微商企业需要思考的问题，而问题的答案就是社群的核心价值，也是微商玩转社群营销的关键所在。这里还需要强调一点：社群的核心价值必须和自己的产品卖点相关联，只有这样社群才能带动产品销售。

所有能够将社群营销玩得很好的微商都非常明确自己社群的核心价值所在，这就类似于一个产品的核心卖点一样，企业找不到这个卖点，产品就不可能有好的销量，社群也是同样的道理。那些成功营销社群通常都是将核心价值放在自己的产品之上，如小米手机社群的核心价值是各种新鲜的玩法。

社群经营的引导方式

社群能够为企业节省成本，提供较为精准的潜在客户，因此越来越多的企业将目标集中在社群身上，基于移动互联网出现的微商更是如此。

伴随着互联网的进步和发展，微商社群也在不断发展进步，从早期的无脑论坛刷帖，到后来的微博营销、公众号营销，微商社群在最近几年时间里也在不断地进化。但是“万变不离其宗”，虽然在模式细节上有所改变，但其本质并未发生变化。所以微商只要抓住社群营销的关键点所在，就可以让社群为自己所用。

很多微商企业在意识到社群营销的作用之后，也纷纷开始进行尝试，建立了自己的社群，然而相当一部分企业的社群之路并不顺利。

例如，在建立了一段时间之后，这些企业的社群要么成了僵尸群，除了小广告几天都看不到一条发言，要么就成了聊天室，聊的内容完全没有主题，成员想到什么就聊什么。这些都是社群内部缺乏正确引导才发生的。

虽然在社群当中个体话语权得到了加强，但是这并不代表社群能够完全成为去中心化组织，只能说明社群是一个弱中心化组织。原因很简单：如果社群完全去中心化，那只能成为一个聊天室，而不能成为微商的营销利器。所以微商社群营销需要一定的引导，而非放任其发展。

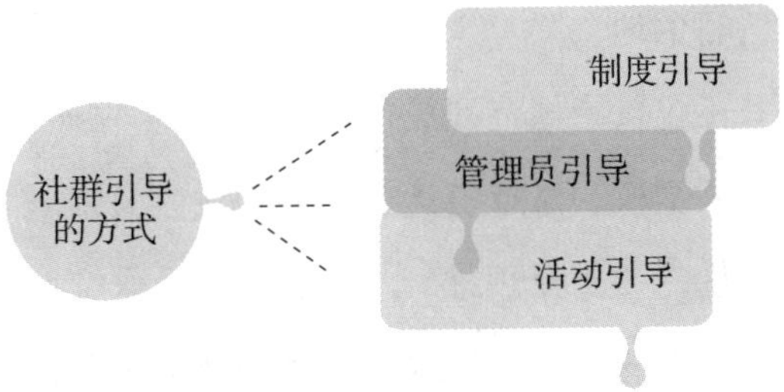

图 3－5　社群引导的方式

◎ 制度引导

“无规矩不成方圆”，社群既然是一个组织，就必须要有相应的制度约束，才能让其朝着既定的方向发展，不然社群的存在对微商就没有意义。

一方面，社群的关键在于成员有共同价值点，所以制度引导首先应该在成员上进行筛选，以确保社群成员的统一性。

另一方面，在社群内部行为上也要有相应的规范，具体制度上不同社群可以根据实际情况进行调整。这些制度不一定必须通过文字的形式展现出来，可以成为社群成员的一种文化共识，让每一个成员都自觉去遵守和维护，这是一种让制度更有效发挥作用的不错的方法。

制度除了可以约束社群成员的日常行为，还承担引导社群内部运作机制的责任，让社群成员各司其职，以此来保证社群的正常化运转。

◎ 管理员引导

除了制度引导，社群还需要管理员引导。

口碑营销既可以是正面的，也可以是负面的，社群也是口碑营销中的一环。每一个微商企业都深知有关产品的负面信息将会对企业的品牌造成多大印象，尤其是在社群这样一个潜在客户聚集的组织中。

所以微商必须在社群中设置管理人员，以便在出现危机时进行危机公关，同时引导社群言论方向。用比喻来形容，如果将社群言论看作是一艘轮船，那么管理员就是这艘轮船的船长，他将控制轮船的前进方向，以此来确保驶向正确的目的地。

管理员引导并不仅仅指规范群成员的行为准则。每一个微商社群都需要有一个拥有较多话语权、愿意表达自己的想法、又能被社群成员跟随的人，也就是我们常说的“意见领袖”。通常意见领袖对社群成员有着较大的影响，能够带动社群的整体话语方向。微商企业要做的就是拉拢这些意见领袖，让他们作为隐形的管理员帮助引导这个社群，不让社群偏离最初的定位和方向。

◎ 活动引导

微商建立起社群之后，最担心的一件事情就是社群成为僵尸群，粉丝成为僵尸粉，虽然成员数量众多但毫无活跃度，这样的社群形同虚设。

因此，社群建立起来之后，微商需要尽可能地提高成员活跃度。组织各种线上、线下的活动就是非常好的手段，同时活动也能够引导社群朝着既定的主题发展，因为在活动的前后，群内的话题必然是围绕着活动展开的。

小米的社群营销是公认的非常成功，了解小米社群的人都知道，小米的新款手机无论是调研、研发还是预售等环节，都会开展各式各样的活动，鼓励社群成员积极地参与其中。这种做法在提高粉丝黏性和活跃度的同时，还为社群制造了热点话题，提升社群成员的参与感，并且利用这种参与感让社群成员对产品进行自发的传播。

社群活跃的秘诀：控制人数

刚接触社群营销的微商企业经常会有“社群人数越多越好”的想法，拼命往自己的社群里加人，直到达到上限为止，这其实是一种非常错误的做法。

一个社群也有自己的成长阶段，根据阶段的不同，社群的主题和规则需要做出适当的调整，人数也必须做出适当的调整。如果社群一味地吸收粉丝，但是却不进行分流，那很可能出现社群人数众多，但是活跃其中的只有刚加入的新手，聊的也是一些初级浅显的话题。

在这种氛围下，资深社群成员会越来越感觉到无趣，同时随着社群当中活跃的新人数量不断增加，还会让资深社群成员感觉到自己的话语权正在逐渐下降。长此以往，这些资深成员就会成为僵尸粉或者直接离开社群。

资深社群成员通常是微商的核心客户，和普通客户相比，这些核心客户给企业带来的价值更大，他们的离开对微商企业是一种巨大的损失，也会使得社群价值有所降低。

笔者曾针对社群进行过深入的研究和了解，发现一个社群如果人员较少，没有超过 100 人，只要社群有出色的核心价值，此时社群成员之间的交流就是非常活跃的，即使没有刻意的刺激，社群成员也能保持高活跃度，因为此时社群成员之间是“半熟人式社交”。

当社群人数超过 100 人之后，社群成员之间的活跃度会有一定的下降。这时就需要人为的刺激来提高社群成员的活跃度，否则社群整体活跃度将会逐渐下降，或者话题将会越来越分散。因为此时社群成员之间是“陌生人式社交”。

同时，社群需要保持活跃度和话题的准确性，这两点随着社群人数的增加会偏离我们的预期，所以微商要控制社群人数，将人数保持在一个合适的范围内。

社会学当中有一个理论叫作“邓巴定律”，该定律的内容是：人类智力允许人类拥有稳定社交网络的人数是148人。社群属于社交组织，虽然微商社群人数需要根据自身情况和阶段做出调整，但是“邓巴定律”对于想要进行社群营销的微商企业依然具有参考价值。

第4章

CHAPTER 4

排兵布阵："3+1"支撑实体微商单品矩阵

4.1 3 种"粉丝"单品：支撑企业微商品牌的成功路径

眼球单品：给粉丝一个关注你的理由

◎ 迷茫和健忘的消费者

如今是一个信息爆炸、微商无处不在的时代，多数消费者在面对海量的微商营销推广信息时，都表现出了两个特征：迷茫和健忘。

图 4－1 消费者的两个特征

如今移动互联网已经渗透到了每一个人的生活当中，伴随移动互联网出现的微商也渗透到了我们生活的方方面面，将我们包围起来。例如，我们打开一款手机 APP，80% 都有各种营销推广内容隐藏在其中。

虽然周围有着海量的宣传信息，但是消费者并不一定愿意去了解这些信息，甚至有时虽然有产品需求，但是自己却不知道。从中可以看出这些消费者对营销推广信息表现得非常茫然。

每个人的精力都是有限的，在海量的营销推广信息面前，消费者更是如此。对于某一个品牌的宣传推广，即使消费者在偶然的机会下看到一次，也会很快就忘记。

面对拥有这样特点的消费者，微商商家首先需要挖掘消费需求，去唤醒消费者，让他们意识到自己有潜在的产品需求。在唤醒消费者的产品需求之后，微商商家还要能够让自己的产品吸引消费者的注意力，否则唤醒消费者需求就是在为竞争对手做嫁衣。

消费者是健忘的，一次产品曝光很难让消费者记住，除非曝光方式非常有创意，能够达到过目难忘的效果，显然多数微商企业都做不到这一点。根据研究，只有在消费者面前曝光超过7次，才能给消费者留下印象，继而使其对品牌产生兴趣。

◎ 眼球单品吸引消费者

微商商家需要让消费者知道自己对产品的需求，来改变他们的迷茫，需要在消费者面前多次曝光来改变他们的健忘，那么应该用什么样的单品来完成这项任务呢？这就是“眼球单品”。

对于那些既茫然又健忘的消费者，即使商家知道了他们的迷茫和健忘，进行了有针对性的改变，但是如果没有一款合适的眼球单品来刺激消费者，依然毫无作用。

眼球单品的任务就是让消费者产生足够的刺激，让消费者对推广信息产生兴趣，愿意去思考商家想要传递给他们的信息。做不到这一点，后续工作都无法展开。

其实眼球单品的作用就像是《糖果屋》中，韩塞尔与葛雷特在森林中扔的小石子一样，起着引导的作用。区别则是：小石子引导韩塞尔与葛雷特回到了家中，而眼球单品则引领着消费者走上一条商家既定路线，去发现后面的吸粉单品和锁粉单品。

眼球单品不一定是微商主打的单品，商家很可能从眼球单品上赚取不到多少利润，甚至需要亏本去销售眼球单品。但是微商商家想要引起消费者的注意，就必须有眼球单品，用眼球单品引起消费者对品牌的注意。

眼球单品的作用决定了它的特点：吸引眼球、具有话题性。这代表了眼球单品要满足以下两个基本要求：

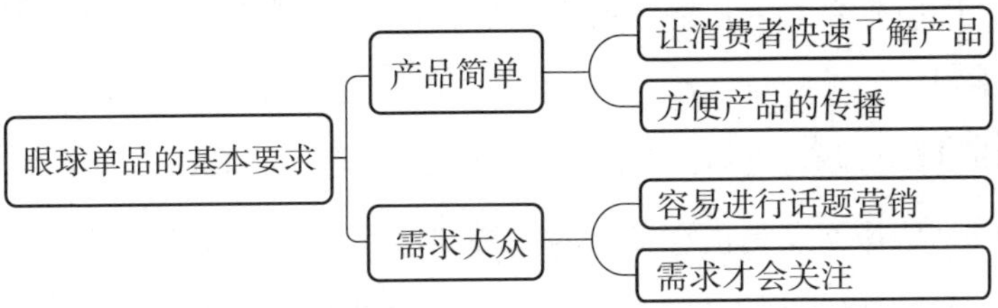

图4-2 眼球单品的基本要求

产品简单：简单来说就是能够让消费者一看就知道产品究竟是什么，有什么作用，而不需要他人为消费者介绍半天，消费者才知道产品是干什么的。简单的产品方便传播，也方便制造话题，因为大众都知道、都了解。

大多数人都会用碎片化时间去浏览社交平台，这就要求推广信息要容易让消费者理解，最好是一两百字就能介绍清楚，这也要求产品必须简单。

需求大众化：眼球单品需要具有话题性，易于传播，这要求产品需求大众化。一方面，产品需求人群范围广，受众群体规模才庞大，很容易进行话题营销；另一方面，产品的需求量较大，只有对于需求量较大的产品，消费者才会更感兴趣。

吸粉单品：主打性价比，带动销量

吸粉单品：给粉丝一个爱上你的理由

当消费者购买了眼球单品，成功注意到微商品牌时，眼球单品的任务就完成了，接下来就是让消费者爱上自己的品牌，成为品牌的粉丝。这也是所有微商必须要做的一件事情，因为微商所有的营销推广工作都在围绕着粉丝这个核心去进行。

眼球单品带领消费者找到自己的品牌，但是却无法让消费者爱上自己的品牌。让消费者爱上自己的品牌，成为品牌的粉丝，这就需要吸粉单品来发挥作用。

吸粉单品，顾名思义，就是为微商吸引粉丝的单品。实际上很多时候，吸粉单品并不是真正意义上的一种单品，而是以服务或者保障的形式出现。商家提供的服务或者保障是其他商家没有或者无法做到的，于是消费者就有了爱上品牌的理由，继而转变为品牌的粉丝。

前段时间我的一个朋友装修房子，在网上挑选地砖和墙砖，他挑选了几个商家，并让我帮他从中选择一个商家。

朋友将几个候选商家发给了我，我分别进入了这些商家的店铺，顺便和他们的客服聊天，了解这些商家的情况，其中有一个商家给我留下的印象很深。

这个商家的地砖价格算是比较高的，只是从网上图片来看，产品似乎也没有太多的特别之处，但是销量却十分好，网上有不少关于这个商家的信息，多数都是粉丝的夸奖和宣传，这就让我有点好奇。结果和他们的客服一沟通，我就明白了其中的原因，因为这个商家的吸粉单品做得非常好。

在和这个商家客服沟通时，我告诉客服现在自己正在装修房子，墙砖和地砖都需要。客服便询问我房屋的具体情况：房屋大小、装修风格、墙面颜色、个人喜好等。在让我等了一小会儿之后，客服给我推荐了几种方案，并且将每一种方案所用到的地砖链接都发给了我，还给我发了一些买家使用这些砖的装修效果图。

最后，客服还给我发了一款计算器，只要将房间的长度、宽度填写进去，再将选用砖的尺寸、单价填上去，计算器就会告诉我一共需要使用多少块地砖、损耗是多少、价格是多少，数据一目了然，非常实用。而我所做的不过是大概地咨询了一下产品而已。

后来我就向朋友推荐了这个商家，朋友从这个商家购买了全部装修用砖。在朋友购买之后，商家又给朋友发了一些贴砖的注意事项，并且免费提供切割、打磨服务，这让朋友十分高兴。我想如果今后自己装修肯定也会选这个商家购买，因为我已经成了他的粉丝。

案例中的瓷砖商家在售前所提供的各种服务，就是吸粉单品。虽然商家的产品单价较高，但是他们提供的服务是其他商家没有提供的，并且这种服务是所有想要购买瓷砖的消费者都需要的，可以说非常贴心。因此，消费者就很容易成为这个商家的粉丝。

商家可以依靠这种服务直接赚钱吗？当然不能。这种服务对消费者是免费的，因此对商家来说就是一种成本。但是通过这种服务，可以将普通消费者转化为品牌的粉丝，这远比直接售卖服务更划算。

锁粉单品：能够脱颖而出的单品才是好单品

◎ 锁粉单品：给粉丝一个离不开你的理由

虽然消费者通过吸粉单品成为商家的粉丝，但这并不代表下次消费者依然会选择商家的产品，因为此时商家还没有锁定消费者，消费者对品牌也没有足够的忠诚度，这就需要锁粉单品发挥作用。

一种单品想要成为锁粉单品，需要满足下面两个条件中的一个：消费者从其他商家买不到的产品，或者自己的产品和其他商家的产品相比性价比更高。

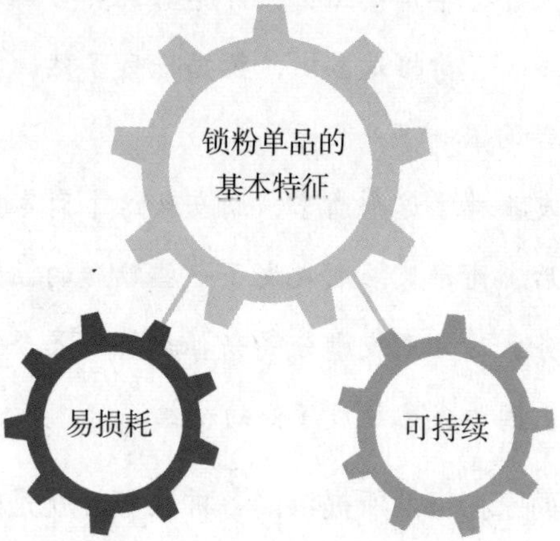

图4-3 锁粉单品的基本特征

能够成为锁粉单品的产品还要求具有两个基本特征：易损耗和可持续。

◎ 易损耗

易损耗的产品我们可以理解为快消品。因为快消品在购买过一次之后，可以很快促进二次成交，让消费者对产品的关注度一直保持下去。

如果产品不是快消品，就很难让消费者持续对产品保持关注。例如，一个微商企业的产品是家具，客户购买了一套之后，基本数年之内都不会再进行重复购买。那么在这数年时间之内，消费者不可能持续对产品保持关注度，因此，这样的产品就不可能锁定消费者，成为锁粉单品。

所以，微商企业的锁粉单品必须是易损耗的产品。这里还需要强调一点，锁粉单品最好是易损耗，但是不容易被替代的产品。只有你的产品具有不可替代性，才能在市场中拥有一定的垄断地位。此时，不需要推广、不需要营销、不需要推送信息，消费者自然而然地就会锁定微商企业的品牌。

◎ 可持续

绝大多数产品，无论多么受到消费者的欢迎，都必须随着时间的变化不断进行改进创新，除非这样的单品属于超级单品，可以做到经久不衰，如可口可乐。

显然，绝大多数产品都做不到这一点，并且超级单品和锁粉单品的作用是不同的。所以企业在选择锁粉单品的时候，还需要考虑未来产品是否具有可持续性，是否能够与时俱进不被淘汰。因为打造一款成功的锁粉单品并不是一件容易的事，它将会对品牌推广起到非常重要的作用。

锁粉单品和眼球单品，吸粉单品一样，同样是可以不赚钱的，甚至可以亏本销售。在微商企业的单品体系中，一定要有这些"不赚钱"的单品，所谓"赔本赚吆喝"就是如此。那么微商企业赚的是什么？赚的是粉丝的心，赚的是粉丝顺手购买来提高产品的销量，赚的是粉丝重复购买的理由。

2016 年，在一次讲课结束后，一位学员找到了笔者，对笔者说："老师，我做微商主要是卖高级水果，我从 2013 年开始做微商，我的水果特别好，销量也不错。一开始我做高级水果的微商，基本在当地已经成为行业龙头，不过现在做的人多了，竞争变得激烈了，公司业绩开始逐步下滑。现在不知道应该如何做，才能继续保住自己区域行业龙头的位置。"

笔者在了解了他的具体情况之后，给他的建议就是：做锁粉单品。

其实像他这样的微商有很多，已经做出了一定的成绩，做出了大量的粉丝，这些粉丝很多都会重复购买。但是粉丝的重复购买并不一定代表对品牌的忠诚，还有可能只是一个习惯的问题。

这样的习惯是没有忠诚度可言的。假如粉丝发现了类似的商家，那么就很可能被吸引走。例如，这个商家拥有市场上多数商家还没有的水果；这个商家突然有了促销活动；这个商家有很好的眼球单品等，这些情况都有可能将粉丝吸引走。如果这个商家还有锁粉单品，那么想要挖回粉丝就是非常困难的事情了。

所以，虽然我们有了眼球单品和吸粉单品，但在保持粉丝忠诚度上还是不够的。锁粉单品就是粉丝保护锁，紧紧锁住粉丝，不让粉丝流失。

笔者问学员："你们店里哪种水果卖得比较好?"

学员："蓝莓和车厘子。车厘子利润高，蓝莓也不错。"

我："这两种产品里，哪种你有好渠道能拿到好价格的?"

学员："蓝莓。我家就是种蓝莓的。"

我："蓝莓一般一份是多少钱？价格是多少?"

学员："市面上根据时令不同，价格也不同，目前在这个时令蓝莓是100~125g一盒，价格在8~12元。我家是卖10元一盒，买两盒包普通快递，买四盒包顺丰快递。"

笔者说："这样吧，你把蓝莓作为你的锁粉单品。短时间内，我指的是几个月，甚至一两年内，你都要把蓝莓作为不赚钱的单品来卖。例如，别人家卖10块，你卖个成本价就可以了。你要让客户买你的产品时，觉得这个蓝莓太划算了，他就会因为这个划算的蓝莓来买你家的产品。但是注意要设置好限购，例如，每个人限购两盒。"

"这时蓝莓就成了你的锁粉单品，粉丝会因为这样的产品一直在你这里购买。即使出现意外情况，比如有一种水果你没有及时上架，而其他商家有，粉丝为了吃这种水果去了其他商家那里，但是最终还会因为想要购买低价蓝莓回到你这里，成为你的忠实粉丝，这也就是锁粉单品的作用。"

结果这个学员回去建立了锁粉单品之后，没多久就压制住了所在地区的其他商家，以较大优势继续成为当地的行业龙头。

也许有人会觉得锁粉单品和眼球单品的作用有些类似，其实两者有非常大的差别。最为明显的是，眼球单品需要价格优势，但更重要的是要能够吸引眼球，有话题性，能够勾引起消费者的消费欲望。而锁粉单品虽然同样需要有价格优势，更重要的是需要有稳定性，能够让消费者持续购买。

相信去过宜家家居的人都对它那里的1元冰激凌印象深刻，并且网上也有很多关于宜家 1 元冰激凌的讨论。实际上这就是典型的眼球单品：吸引眼球、具有话题性、价格低，能够让原本没有需求的人看到也购买。

上面案例中的蓝莓虽然价格低，但没有话题性、无法起到吸引眼球的作用，另外案例中的蓝莓又有稳定性，消费者愿意持续购买。所以蓝莓就是一个典型的锁粉单品。

我们了解了微商中的眼球单品、吸粉单品和锁粉单品，会发现其实这三种单品都是以粉丝为核心而产生的，三种单品的最终作用也都是在维系商家和粉丝的关系上，并不能真正为商家带来盈利。

当商家通过三种单品成功将消费者变成自己的忠实粉丝之后，下面就需要真正能够帮助抢占市场、创造利润的单品发挥作用了，这种单品就是超级单品。

4.2 1种超级大单品：引爆销量的终极单品

超级单品：一开始就被消费者锁定的70%

◎ 问题：成为70%，还是30%？

全球知名咨询公司麦肯锡曾经就消费者对产品品牌选择做过调查，大部分消费者在还没有购买产品之前，就已经想好了想要购买的品牌。但是在那些已经提前想好购买品牌的消费者当中，又有30%会在进入商场之后临时改变想法，选择购买其他品牌的产品。

是这30%的消费者在购买之前就对自己的选择信心不足吗？答案是否定的，因为这些消费者在之前的调查中都表示：如果没有遇到特殊的情况，自己都会购买开始就选择好的品牌。

消费者的表态和实际行为出现了明显的矛盾，这似乎很难理解。但是如果我们从消费者商业心理学的角度思考这个问题，这个看上去明显矛盾的事情就会有了合理的解释。

大多数消费者在只是想要购买产品，但是还没有见到实际产品时，产品对于消费者来说是一个比较抽象的概念，产品品牌也是如此。当消费者开始购物见到实际产品之后，产品在消费者心中具体化，并且随着发现的产品品牌数量的增多，会开始重新考虑对品牌的选择，虽然他们自己并没有意识到这一点，甚至有部分消费者直到走出商场后才会发现自己购买的品牌并不是自己最初想要的，但却不知道这是为什么。在他们看来，自己当时的选择只是一种下意识行为。

这里我们需要注意一个数据，在那些购买之前就已经选择好品牌的消费者当中，有 30% 的消费者在购买时临时改变了选择，但是还有 70% 的消费者在商场购物时依然坚持了自己最初的选择，选择了自己事先想好的品牌。

现在我们回到微商当中。微商是基于移动互联网平台出现的，因此它不同于传统商场，消费者无法同时看到所有品牌的商品陈列在一起，然后再进行选择。

现在再结合实体微商企业，是成为 70% 一开始就被消费者锁定的品牌，还是成为 30% 消费者经过多品牌对比之后临时改变想法选择的品牌呢？相信所有实体微商企业都会选择前者。

那么实体微商企业应该如何在行业里成为一开始就被 70% 消费者锁定的品牌呢？答案就是打造微商超级单品。

◎ 什么是微商超级单品

超级单品其实并不是一个新概念，它已经出现了很长一段时间，但是一直都没有得到微商企业足够的重视。在现如今的市场环境下，尤其是微商行业，竞争非常激烈，常规产品已经很难吸引消费者。此时，微商超级单品的作用则充分体现了出来，一个超级单品将带动微商品牌的发展。

我们从字面意思来理解微商超级单品。"微商"指的是微商领域；"超级"指的是该产品的销量和行业知名度都远超同类产品；"单品"则指的是一个类目下，这种产品只有一种，或者少量的几种。

通过微商超级单品的定义，我们知道了这种产品销量和知名度都非常高，在同类产品中排名位居前列。因此微商超级单品会给消费者带来深刻的印象，消费者提起这类产品时，首先想到的就是这种产品，甚至它将会成为一个品牌的代名词，企业通过这一种产品就可以立足于市场。

例如，在一个大型生活超市中，陈列单品的数量往往高达数万种之多，但是对于这种单品，能够让消费者第一时间想起来的能够有多少呢？

有商业调查机构对这个问题进行过调查，结果让人感到吃惊：在同一类目的产品下（如饮料类、酒类），能够让消费者第一时间想起来的单品数量平均只有40多个。不过这些能够被消费者第一时间直接想起来的单品，大多都是企业的支柱产品。

在微商领域虽然没有商业机构进行过调查，不过情况大致也是如此。例如，早期微商最为流行的产品面膜，在面膜横行朋友圈的年代，大小品牌加起来至少有数千个之多，但是其中又有多少品牌能够被消费者记住呢？笔者想可能不超过10个。

所以，我们用“千里挑一”来形容那些能够让消费者牢记的微商单品并不夸张，而这种能够让消费者从众多微商品牌中所记住的单品就是微商超级单品。

◎ 超级单品贵在精，不在多

做任何事情只有专心才能够做好，做产品也是如此。

一直以来，很多企业都在盲目地追求“大而全”，不断想要扩大自己的产品品类。然而在消费者对于产品的要求不断提升的今天，商家在不断扩大自己产品品类的同时无疑会分散自己有限的资源，让自己的每一款产品都是“差不多”产品。很明显，这样的产品在市场中是缺乏竞争力的，也是无法吸引消费的。

苹果手机曾经是手机市场中毫无争议的龙头品牌，虽然如今苹果手机的市场占有率在不断地下滑，但是每一次苹果手机的新品推出都能够掀起一场话题风暴，可以说，每一款苹果手机都是它所在时间段当之无愧的超级单品。

如果我们回顾苹果手机的历史，就会发现苹果从 2007 年推出苹果一代到如今，苹果手机一共只有十几款型号，平均每年不到两款新品。也正是因为如此，苹果可以专心地投入到自己每一款新品手机的研发和营销当中，花费极大的精力让自己在新品的方方面面都做到最好，而不是短时间内推出不同手机新品，希望以此来占据更大的市场。因为苹果明白产品在精不在多，自己不可能垄断高中低所有市场，所以苹果专心地抢占高端市场。

身处实体微商的商家也同样需要明白一点，自己不可能抢占所有市场，消费者对于那些"差不多"产品也不感兴趣，只有那些投入了足够多的精力，并且可以紧抓消费者需求痛点的产品才是消费者需要的，也只有这样的产品才有潜质可能成为超级单品。

一款超级单品能带动微商品牌的成长

如果企业能够成功打造出一款超级单品，那么企业就可以依靠这款产品立足于市场。其中最为典型的例子就是凉茶市场的加多宝。

加多宝凉茶就是一款超级单品，加多宝公司曾经凭借这一款单品霸占了中国凉茶市场超过一半的份额，其宣传口号从过去的"怕上火就喝王老吉"到现在的"怕上火就喝加多宝"，都是消费者非常熟悉的广告语，加多宝公司也依靠这款单品让自己一度成为凉茶的代名词，这就是超级单品的力量。

当一个产品成功被打造成超级单品之后，这款产品还可能帮助企业垄断这一单品市场。康师傅旗下的红烧牛肉面就是如此。如今一提到方便面中的红烧牛肉面系列，几乎所有的消费者首先想到的就是康师傅，因为康师傅已经成功将红烧牛肉面打造成了一款超级单品。

在康师傅的红烧牛肉面成为超级单品之后，摆在其他方便面企业面前的就是一个两难的选择：继续保留这个产品系列，但是消费者看到方便面中的红烧牛肉面系列就会想起康师傅，然后转头去购买康师傅品牌的，这就相当于替康师傅在进行宣传；而放弃这个产品系列，就只能眼睁睁看着康师傅做大。

面对这种两难的选择，大多数方便面企业都会采取折中的方式，就是保留产品系列，但是不进行过多的投入。实际上这也是变相地承认康师傅红烧牛肉面超级单品的地位，不想与其竞争，转而将有限的资源投入到其他超级单品的打造上。

对于实体微商企业来说，加多宝这种打造一种超级单品称霸市场的模式同样值得借鉴，但是康师傅的超级单品策略更值得学习，因为康师傅在打造出红烧牛肉面这款超级单品之后，又在这款的基础上，开始打造另一款超级单品“香辣牛肉面”。这种建立在一款超级单品基础上，继续打造其他超级单品的策略才是未来实体微商企业要走的道路。

◎ “剃须刀”带动“替换刀片”销售

在市场上我们经常会看到这种现象：企业主推一种产品，但这种产品的价格明显没有利润空间，甚至有时商家会选择免费赠送。

企业不是慈善机构，所以企业的一切行为最终目的都是给自己带来利润，这种行为也不例外。只不过在这种模式中，商家不是从低价销售或者免费赠送的产品中获得利润，而是从其他相关联的产品身上获得利润。

这种模式的最早创造者金克·吉列的吉列剃须刀就是如此。20 世纪 70 年代，吉列推出一款新的剃须刀，然后将这款剃须刀以非常低的价格销售出去，有些甚至是免费送出去的，为此吉列贴补了一大笔钱。不过最后吉列都从剃须刀的非核心产品"替换刀片"上赚回了这笔钱，并且因此扩展了市场。

虽然吉列剃须刀的这个案例发生在20世纪70年代，但是如今这种模式在进行适当的改动之后，依然可以被如今的微商企业使用。对于微商企业来说，充当免费"剃须刀"的产品就是眼球、吸粉和锁粉单品，关联"替换刀片"的就是粉丝们的关注度和忠诚度，"替换刀片"就是超级单品。

在过去传统微商时代，一个微商品牌只要能够打造出一款超级单品，就可以支撑起整个品牌的发展。在实体微商中，虽然同样需要打造超级单品，但不再是单独依靠一款超级单品来带动品牌，而是需要打造出多款超级单品来带动企业的成长。

也就是说，实体微商企业需要首先打造一款超级单品，通过这款产品让消费者接纳和记住自己的品牌，然后在这个基础上打造出更多的超级单品，最终让企业成为一个超级微商品牌。

因为未来市场竞争只会更加激烈，单靠一款超级单品的企业就如一棵孤立生长的大树，很可能会因为环境变化最终枯萎。但是如果实体微商企业同时拥有多款超级单品，就像拥有一片森林一样，大树不再孤立，也不再惧怕环境的改变。

确立超级单品的进化路径

当企业选择了一款产品作为超级单品进行推广之后，并不是说就可以直接开始营销推广。打造超级单品绝不是一件容易的事情，它需要耗费企业巨大的精力和财力，因此在没有充分把握之前，企业还需要谨慎行事。

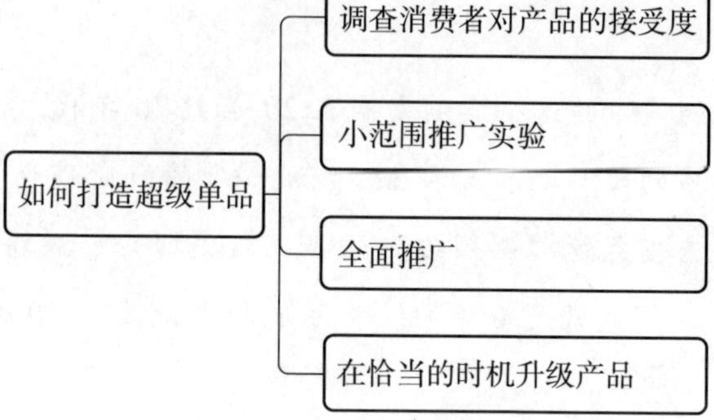

图4－4　如何打造超级单品

◎ 第一步：调查消费者对产品的接受度

首先企业需要确认消费者对产品的接受度，测试的方法就是进行市场调查，这也是大多数拥有超级单品的企业曾经做过的事情。

市场调查可以通过问卷的形式展开，了解消费者对产品的需求、喜好、接受程度、购买习惯等，还可以根据产品的特性提出一些有针对性的问题。最后对所收集到的数据进行分析，以此为依据，判断将产品打造为超级单品的可行性。

在问卷调查进行的同时，企业还可以将产品免费提供给消费者试吃、试用，通过消费者的反馈信息对产品做出改进。

实体微商产品需要消费者的口碑，只有消费者对产品非常满意，有了好的产品口碑，消费者才愿意将产品分享给其他人，裂变也会就此产生。

笔者曾经指导过一家生产护手霜的实体微商企业打造超级单品。在这家企业选定产品之后，首先笔者让企业市场部人员进行问卷调查，然后随机找了200名不同年龄段的女性试用产品，在半个月之后再进行电话回访，收集消费者的反馈信息。确定产品能够让大众消费者接受，有较大可能性可以成为超级单品之后，才开始让企业进行下一项工作。

◎ 第二步：小范围推广实验

微商企业在确认消费者对产品可以接受之后，就可以进行推广工作。

不过此时还不适宜投入巨大的资源进行大范围推广，而是进行小范围实验。

再次强调，打造一款超级单品绝对不是件容易的事情，超级单品能够为企业带来巨大的收益，但是在打造过程中也存在较高的风险。因为企业一旦做出决定，就必须将所有资源都优先使用在这款单品上面，所以企业必须尽可能地降低潜在的风险。

小范围实验就是进行小范围的推广，企业可以选择一个相对较小的地区进行。例如，在一个小城市里推广自己的超级单品，看市场对产品的反应如何。

小范围实验即使失败也不会对企业有太大的影响，同时企业还可以从中吸取教训，避免今后更大的损失。如果企业不进行小范围实验，直接进行大范围推广，那么一旦失败企业有可能会因此受到重创，影响今后的发展甚至是生存。

◎ 第三步：全面推广

在小范围实验也取得成功之后，企业就可以全面开展产品营销推广工作，将所有优势资源都集中在该产品上，大幅提高产品的曝光率，增加消费者对产品和品牌的印象，让企业的产品成为 70% 消费者在购物前就锁定的产品，带动整个微商企业的品牌发展。

◎ 第四步：在恰当的时机升级产品

无论微商企业在一款产品上耗费多少时间和精力，无论这款产品在推出时多么受到消费者的青睐，企业都不可能长期依靠一款产品来吸引消费者。所以企业需要在恰当的时候对产品进行换代升级，保持消费者对品牌的热度。

那么升级产品的时机该如何选择呢？这个问题没有一个统一的答案，需要商家根据自身行业特点、产品本身特点、消费者依赖程度、市场环境变化等因素综合考虑，然后做出选择。

还是以苹果手机为例，过去虽然每年苹果都会推出新产品，但是产品重大升级周期一直是 2 年，并且随着全球智能手机市场需求放缓，苹果已经开始准备将产品重大升级周期由之前的 2 年改为 3 年，以此来应对市场的变化。

4.3 什么样的产品有潜力成为超级大单品

超级单品的硬实力

什么样的微商产品可以成为畅销产品？是面膜？是服装？是小吃？还是保养品？看起来似乎每一种产品都有畅销的潜力，但是如果我们仔细分析，还是可以从众多产品中挑选出最有可能通过微商模式而畅销的产品。

◎ 不是每款产品都可以成为超级单品

每一个想将品牌打造成超级微商品牌的企业都需要超级单品的支持，那么实体微商企业究竟应该如何打造属于自己的超级单品呢？

超级单品的力量是惊人的，它对企业品牌的发展起到的作用也是毋庸置疑的，但是实体微商企业在着手打造自己的超级单品之前，首先需要明白一点：不是每一款产品都可以打造成微商超级单品。微商企业的产品只有满足 4 个条件，才有被打造成微商超级单品的潜力。

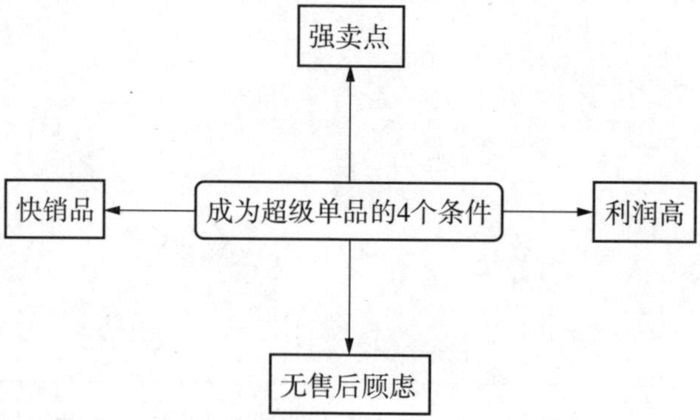

图 4－5　成为超级单品的 4 个条件

1. 快销品：快销品往往更容易成为畅销品

无论是过去的微商还是如今的实体微商，两者在营销方面都离不开“裂变”这个关键词。只有发生裂变，企业产品才能拥有巨大的销量，具有较高的知名度，被多数消费者记住，最终成为超级单品。这些都需要拥有大量的普通消费者做基础。

因此，超级单品必须是普通消费者会购买的，也必须是消费速度较快的产品。例如，微商中较为流行的化妆品、食品、日用品等，这些产品都属于普通消费者需要的，如果它们的卖点容易被大众接受，这些产品就有成为超级单品的潜力。

反之，如果企业的产品不是普通消费者所需要的，那么这种产品就很难打造成超级单品。举个很简单的例子，一个做工业阀门的企业能够将自己的阀门打造成行业超级单品吗？答案自然是否定的。因为普通消费者接触不到这类产品，也很难通过微信实现裂变。

2. 强卖点：超级单品的卖点往往击中了消费者痛点

每一种产品都有自己的卖点，卖点也是企业让消费者选择自己产品的理由之一。

在产品同质化严重的今天，一部分商家选择别出心裁，在一些常见产品上加入一些较为小众的卖点，希望以此吸引消费者的眼球。

这种做法在吸引消费者眼球方面确实可以起到一定的效果，但是这类产品却无法成为超级单品，因为它不能被大众接受，无法在普通消费者之间进行传播和裂变。

例如，瑞典的鲱鱼罐头。鲱鱼罐头是瑞典的一种传统食物，被称作"世界上最臭的食物"，在中国这种罐头的卖点就是无与伦比的臭味。虽然鲱鱼罐头的这个卖点会引起一部分消费者的好奇心理，想要购买尝试，但是它绝对无法被普通大众接受，怀着好奇心理购买过一次的消费者通常不会再次购买，因此这种罐头就无法打造成超级单品。

蒙牛的特仑苏

虽然超级单品对产品有一定的要求，但是微商的很多产品都具有成为超级单品的潜力，并且很可能这种具有潜力的产品是当下企业所不够重视的产品，如蒙牛的超级单品"特仑苏"。

"特仑苏"是2005年蒙牛推出的高端奶产品，如今已经成为一个不折不扣的超级单品，占据了蒙牛全部利润的70%～80%。但特仑苏在刚推出时并不被看好，因为当时中国奶行业并没有高端奶产品系列，大家普遍认为"特仑苏"的定位太高，无法被普通消费者接受。但是蒙牛品牌团队坚持要投入大部分精力打造这款高端奶产品，想要以此开中国高端乳业的先河，最终蒙牛成功地将特仑苏打造成一款超级单品，而那句著名广告语"不是所有牛奶都叫特仑苏"也广为流传。以至于现在只要送礼想送牛奶产品，首先想到的就是特仑苏。

现在的市场几乎每一种产品都有无数个商家在进行竞争，为产品注入产品精神是解决的方法之一，但产品精神只是产品的软实力，单纯只注重软实力，产品吸引力依然是不足的。

因此，微商企业在注重产品软实力的同时还需要注重产品的硬实力，也就是产品本身，这样才能获得消费者认可，打造硬实力的方法就是将产品做到极致。

极致不是完美，是企业在自己能力范围之内，将产品做到可以做到的最好，这就是极致的产品。做极致的产品需要微商企业对自己的产品有足够的重视，同时愿意在产品上投入大量的精力和资源。不过，在将产品做到极致之前，微商企业首先要思考两个问题：产品价值是什么？产品卖点是什么？

如果在做产品之前没有弄清楚这两个问题，那么产品即使做到最好，对于消费者来说也是没有意义的。

产品的价值是什么？

客户愿意购买一款产品，就代表客户希望这款产品能够给自己带来一定的价值。例如，食物产品可以让客户享受美食；面膜产品可以让客户改善自己的皮肤；手机可以让客户打电话和上网，这些都是产品的价值所在。如果一款产品对客户起不到任何作用，这款产品就没有任何价值，就是一款失败的产品。

所以在制造一款产品前需要考虑到产品究竟能给客户带来什么价值，如果一款产品完全不知道价值在哪里，也就没有生产的必要。

产品的卖点是什么？

一款产品不但要能够给客户带来价值，还需要给客户提供一个购买的理由，并不是说产品能够带来价值客户就会购买，因为如今市场竞争激烈，市场蓝海已经越来越小，几乎每一款产品客户都有数个商家进行选择。寻找客户购买产品的理由就成为产品选择的重中之重，这个理由就是产品的卖点，产品的营销推广也需要围绕这个卖点来展开。

3. 利润高：利润是超级大单品的价值所在

微商企业的最终目的是赚取利润，之前介绍的眼球单品、吸粉单品和锁粉单品的主要作用都不是让微商企业赚取利润，甚至有时微商企业还需要在这些产品上投钱维持。因此，这些产品实际上可以看作是为超级单品服务的，运营这些产品的成本自然也要算入超级单品的成本中。所以，超级单品必须是利润率较高的产品。

例如，一件超级单品的生产成本是 50 元，微商企业销售 70 元。表面看来，微商企业每销售一件产品赚取了 20 元的利润，但实际上在其中又有很多隐形的成本，不是简单从账面上用加减法就可以算出来的，如运营眼球、吸粉、锁粉三种单品的成本，品牌运营成本、产品配送物流成本、企业管理成本、客户关系维护成本等。因为打造一款超级单品并不是一件容易的事情，需要全公司为之付出，如果利润率太低，微商企业就很难坚持下去。

4. 无售后顾虑：附加服务简单化

多数微商企业对于产品附加服务问题都非常头痛，但是微商需要信任和口碑，又不得不提供这些附加服务。最为常见的附加服务就是售后服务，微商企业一旦售后问题无法及时解决，很容易失去信任和口碑，企业只好在售后上花费大量时间和成本。

所以，作为一款超级单品，附加服务必须要简单化，或者基本不存在附加服务的问题。如食品超级单品，几乎就不存在附加服务的问题，企业唯一需要解决的附加服务就是配送问题。一款产品如果需要微商企业提供上门安装调试，或者产品经常需要进行维护，虽然现在大多数企业对于这样的服务都会交给第三方负责，但是这就给企业增添了很多麻烦。例如，第三方和顾客之间出现矛盾，第三方没有安装或者维护好产品等，这些问题都将耗费微商企业的精力和时间，所以这样的产品也就不适合成为微商超级单品。

超级单品的软实力

在很多人眼中，微商就是在微信或者微博平台销售东西，这种说法不能说是错，但是太过局限，同时这种思想也将微商的范畴限定在微信和微博两个平台上。其实微信、微博只是微商中的一小部分，我们可以将各种视频平台、各种直播平台、各种即时聊天工具、各种社区论坛都纳入到微商的范围。

例如，现在很多退役的电竞选手开直播、录视频，然后卖零食、卖电竞外设，做得风生水起，这也是一种微商。拍拍微店、淘小铺等同样也是微商。所以如果将微商仅限定在微博、微信两个平台上，就太狭隘了。

微商在中国为什么能够如此迅速地发展壮大？因为微商借助的大都是沟通社交平台，信息更容易被他人分享扩散，实现裂变。这就是微商的第一个关键词：分享。

微商为什么可以成交？这是因为消费者信任商家，整个交易也是建立在信任的基础上，没有信任就不可能有成交。这就是微商的第二个关键词：信任。

所以，超级单品的软实力也要从这两个关键词来考虑，也就是这种产品要“易分享”“易信任”。

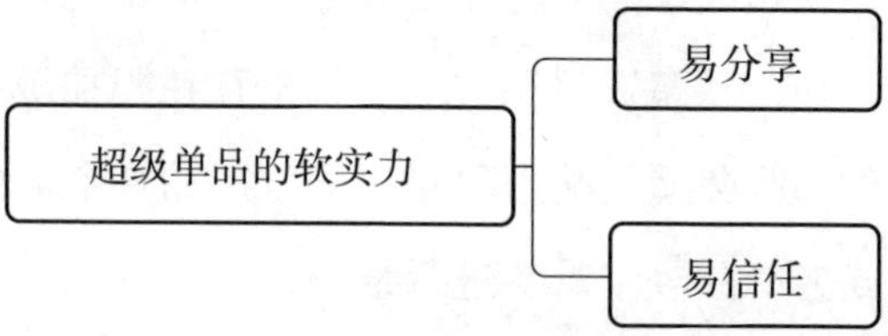

图 4－6　超级单品的软实力

1. 易分享

微商的传播和裂变都要通过分享来实现，这就意味着，想要成为微商畅销产品首先要容易被大众分享。什么样的产品更容易被分享？答案是有特点、有趣或者有价值的产品。

举个简单的例子，假如一个微商做的产品是玻璃杯，这种玻璃杯就是普通透明玻璃杯，不防摔、不隔热、没有图案和造型，在朋友圈发营销广告只能发：“新到透明玻璃杯，××元一个，想要购买联系我。”这样的信息自然没人感兴趣，也没有人去和他人分享。

如果一个人还是销售玻璃杯，这种玻璃杯防摔、隔热、有多种图案和造型，在朋友圈发营销广告："新上市黑科技玻璃杯，防摔隔热还好看，数量有限，先购先得。"然后再配上一段营销小视频或者几张图片来证明玻璃杯的"黑科技"。这就非常容易吸引消费者的眼球，愿意和其他人分享产品。当然，这需要建立在实际产品和宣传一样的前提下。

上面举"黑科技"玻璃杯是有趣、有特点的产品，下面介绍有价值的产品。

面膜曾是微商的标志性产品，几乎霸占过每一个人的朋友圈，品牌更是五花八门，数量繁多。但是除了少部分较大品牌的面膜，如今有多少人是为了自己使用而购买那些非常昂贵，并且完全不知名品牌的面膜呢？例如，一款完全没听过品牌的面膜，一盒售价数百元，即使是熟人推荐，笔者相信购买的人也没有多少。

因为现在所有人都知道微商中的面膜很多是"三无"产品，特别是那些没有品牌的面膜。所以这些产品就是没有价值的，甚至有可能对用户造成损害，用户自然不会去购买。同样也是这个原因，微商面膜在很长一段时间里都被大众误以为是传销，实际上面膜微商和传销并没有什么关系，被误解的很大一部分原因就是因为产品没有价值。

只有一款对消费者来说是有价值的产品，消费者才愿意去和他人分享。例如，一款产品非常有趣，让人一看就会感觉到有意思，那么这就是产品的价值所在。产品"有趣"的价值也是消费者愿意进行分享的理由。

2. 易信任

微商是信任经济，想要和消费者做成生意，首先要和消费者建立起信任关系。

影响商家和消费者信任关系的因素有很多，包括商家的营销手段、沟通技巧、品牌大小，等等。但是在如今这个过分强调营销推广、强调沟通技巧的大环境下，还有一个非常重要，却又经常被人忽视的因素：产品。

笔者听过这样一件事情：一家企业生产的产品一般，但是一心想走高端品牌路线，就不断地提高产品价格。产品质量不变，价格还提高了，客户自然不干，公司业绩下滑，销售人员也都对此有意见。企业老板却认为是销售人员的错，对销售人员说："如果我的产品质量好，价格也合适，那还要你们做什么？"

乍听上去这家企业老板说的话似乎有些道理，但是这里面隐藏了一个逻辑：销售的工作就是想办法让客户购买这些性价比不高的产品。这里的"想办法"其实是委婉的说法，直接的说法就是欺骗，或者是用一些不正当的手段。不然客户为什么要购买这些性价比不高的产品呢？

显然，在实体微商当中，这种销售理念是不可能长久维持的，因为欺骗会严重损害商家和消费者之间的信任关系，无论一个商家的营销推广再好，沟通再到位，如果产品无法取得消费者的信任，之前的工作都等于是白做。

想要和消费者建立起信任关系，让消费者对产品本身满意是必要的条件，这里对产品的要求就在于性价比上。不过一些产品，在获得消费者信任上有着天然的优势，这类产品就更容易成为微商畅销产品，如价格较低的产品。

多数人在通过微商购买一个5元的产品和5000元的产品时，所花费的思考时间是不同的。因为5元的产品价格低，对商家也就更容易信任，认为商家不会为了5元钱来欺骗自己。并且对于5元的产品来说，也没有什么性价比好比较的，所以很快就能做出购买决定。这类产品就比较容易通过微商而成为畅销产品。

在购买5000元的产品时，消费者考虑的因素就会增多，包括产品性价比是否合适、商家是否有欺骗行为、产品购买后如果有售后问题应该如何解决，等等。考虑的因素越多，消费者心中对产品的购买风险预判等级越高，对商家的信任就越低，产品的销售也就越困难。

当然，这里并不是说高价格的产品无法成为微商畅销产品，只是在被消费者信任程度上有一定的劣势。不过在实体微商模式下，实体店铺的存在已经有效地减少了这方面的劣势。

一些经常使用或者看到的产品，在取得消费者信任方面也有着天然的优势。一种产品消费者经常使用，或者经常看到其他人使用，消费者对产品就有足够的了解。在购买产品时，因为自己足够了解产品，心中对产品没有太多的疑问，对商家的信任度也就有所提升。这类产品也就越容易成为微商畅销产品。

如果一款产品是消费者平时很少用到或者见到的，在购买时消费者对产品的疑问就会非常多，因为不了解产品。例如，产品的功能是什么，原理是什么，如何使用，如何保养，寿命如何，等等。消费者不了解，对产品有疑问，这些问题只能从商家那里获得答案。

绝大多数消费者在购买商品时，都会下意识地将商家放在自己的对立面。因此消费者提出的问题越多，对商家给出答案的质疑就越多，信任度下降得也越多。这类产品就不容易成为畅销产品。

第5章

CHAPTER 5

微商引流：把握流量进入的每个环节

5.1 每个流量入口都是必争之地

微商引流“九把刀”

在微商盛行的今天，很多人虽然顺应潮流，加入了微商大军，但却总是做不出真正的成绩。新、老微商从业者们每天费尽心思地思考如何提高产品销量，增加自己的利润，但是他们却没有意识到自己做不好，很大一部分原因就是不懂得如何引流。

引流是引起裂变的重要一环，无论是电商还是微商，没有客流量自然就没有销量，没有销量必然是死路一条，这是一个非常浅显的道理。只有让足够多的潜在客户看到企业的产品，才有可能提高产品销量。

要成功地实现微商引流，这里有“九把刀”作为武器：

◎ 第 1 把刀：屠龙刀——朋友圈

朋友圈引流是微商引流最基本的一种方式，也是微商最先出现的一种引流方式，朋友圈引流就好像众多宝刀中的屠龙刀——“武林至尊宝刀屠龙”，朋友圈引流始终在众多引流方式中占据着最重要的地位。

朋友圈引流，主要以在朋友圈发布内容广告的方式进行。并且朋友圈中的好友还可以通过点赞、评论等方式和商家进行互动，同时好友还可以

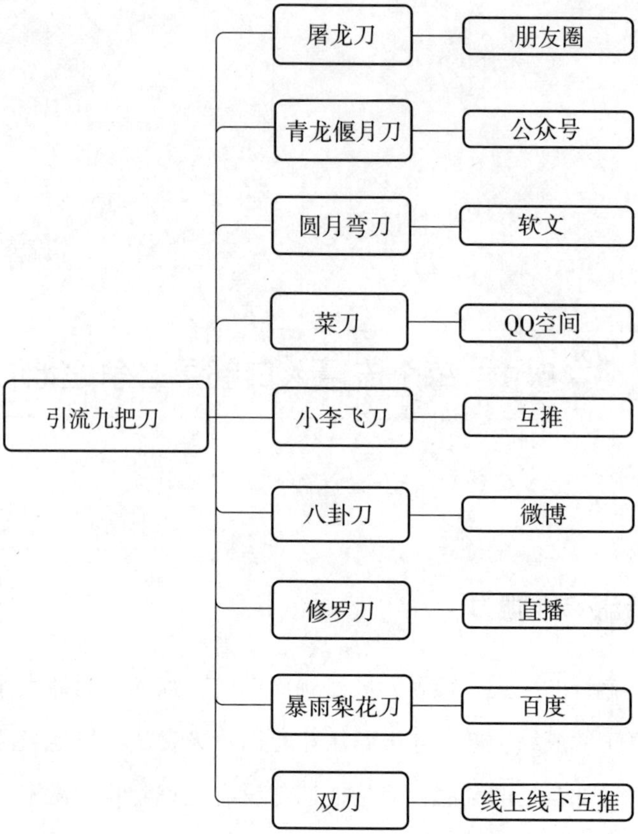

图 5－1　引流九把刀

对内容进行转发，通过社交关系链进一步扩散，提高内容广告的宣传范围和引流效果。因此一直以来朋友圈引流都是微商最为熟悉也最为重视的引流方式之一。

那么究竟应该在朋友圈里发布什么样的内容才能吸引粉丝的关注呢？最关键的一个字就是“晒”。一个合格的微商朋友圈除了有广告引流内容之外，还应该有其他和营销没有关系的内容。虽然这些内容不能对引流直接起到作用，但是能够提高粉丝对微商的兴趣，扩大微商的影响力。

这里的“晒”通常包括三方面的内容：

1. 晒日常

我们打开自己的朋友圈经常会看到有好友在发布今天到哪里吃饭、昨天去哪里逛街等，这些其实就是晒生活。虽然这些内容看上去非常平淡，没有太多亮点，但是这样的“晒”日常生活会让粉丝感受到对方是个和自己一样真实的人，能够拉近和粉丝之间的距离。

2. 晒权威

为什么现在各种各样的“专家”层出不穷，因为相当一部分人都对“权威人士”有着盲目的信任，并且愿意去追随他们。晒能力就是在朋友圈中将自己打造成行业“权威人士”，从而获得粉丝的信任和追随。例如，发布有一定深度的行业知识，内容如果是原创最佳，无法原创在他人内容基础上加入自己的观点和看法也可以，切记不要直接全篇复制。

3. 晒个性

我们可以在朋友圈里晒自己对某些事情独特的观点和意见。例如，对一些关注度较高的热点事件，或者对人生的一些感悟，这些内容都很具有话题性，同时也容易引起粉丝的关注。不过在这里需要说明的是，“独特的观点和意见”并不是哗众取宠，也不能是恶俗炒作，虽然这两种做法能够在短时间内获得大量的关注，但是从长远考虑，其非常不利于微商未来的发展。

◎ 第 2 把刀：青龙偃月刀——公众号

近几年随着电商和微商的发展，微信公众号这个出色的自媒体营销工具开始逐渐步入大众的视野，并且成为网上营销的重要一环。因此，微商商家也可以利用公众号来为自己引流。

最为常见的公众号引流方式，就是在公众号底投放自己的引流广告，引导用户关注自己的产品，实现引流的目的。这种方式还可以和活动引流相结合，如关注微信号就可以获得折扣等，这些都可以帮助商家快速吸粉。

公众号引流好比关羽使用的青龙偃月刀。传闻关羽所用的青龙偃月刀重达82斤，有的人会觉得不如屠龙刀那么好驾驭，但如果使用得当，就能发挥出无穷效力。

要达到公众号引流的目的，第一，公众号的粉丝群要和产品的粉丝群高度契合；第二，广告要短小精悍，够吸引人。否则很难达到预期的效果。

◎ 第3把刀：圆月弯刀——软文

圆月弯刀应该是所有刀里最漂亮的，它的形状虽然圆润，手法虽然迂回，但杀伤力却是不可小觑的。软文引流，正是引流九把刀中的圆月弯刀。

软文营销是一种最为常见的营销方式，自从电商开始出现后，这种营销方式也紧随出现，即使是如今，软文营销也是众多电商和微商都会选择的一种营销方式。我们可以利用软文营销来实现引流的目的。

软文引流还是以“内容”为王道，软文的内容决定了引流的效果，所以写出一篇成功的引流软文就成为这种引流方式的关键所在。想要写出一篇高质量软文，需要从以下几个方面进行，见表5-1。

表5-1 高质量软文四要素

1. 震撼的标题	大多数人浏览论坛时都是毫无目的地浏览，所以想要在众多信息中让用户快速发现一篇软文，标题显得尤为重要，因此标题要足够震撼，才能吸引用户浏览软文
2. 清爽的格式	用户在被一篇软文标题吸引之后就会点开浏览，不过在论坛浏览文章和读书并不一样，多数用户在论坛浏览文章时速度都非常快，不会精品细读，因此软文的格式就显得非常重要。例如，不能有太长的段落，这会让读者感到疲劳；软文不要过长，如果篇幅较长，需要在文章中标示出重点内容所在，方便用户浏览

续表

3. 使人信赖的数据	大多数人都对数据有着特殊的偏好。在说明一件事情时，如果其中和数据相关的内容都比较笼统，没有详细的数据，就会让人产生一种不信任感。如果说明一件事情时加入大量的数据，更容易让人产生信任感，所以在软文当中要多加入数据来提高文章的可信度
4. 乘着热点事件的东风	我们身处一个信息爆炸时代，每天都有很多热点事情发生，并且其中会有一些事情成为全民关注的焦点。所以微商在利用软文引流的时候，要保持足够的敏感性，将热点事件和自己的产品相关联，然后借势全民对事件的关注为自己的引流造势

◎ 第 4 把刀：菜刀——QQ 空间

和如今正火的朋友圈和微博相比，QQ 空间最近两年似乎显得有些平淡，甚至很多人都已经将其遗忘。虽然微信现在彻底霸占了移动端，并且有电脑端版本，但是在电脑端即时聊天工具中，QQ 依然保持着霸主的地位，这就给 QQ 空间营销留下了机会。

通过 QQ 空间来引流，就好像菜刀一样，它的威力不是最强的，它的外形也不是最吸引人的，但它本身是引流中不可缺少的一环，如果使用得当，菜刀也能发挥出不小的作用。

QQ 空间工具功能众多，这里只介绍两种引流主要用到的工具。

1. 日志

QQ 空间的日志平台对于微商引流来说，其实也是一个软文发布平台。不过和一般论坛相比，它在可传播性上具有先天的优势。一方面，基于 QQ 庞大的用户群体；另一方面，QQ 空间的转载和分享功能非常容易操作。

2. 相册

QQ 空间的相册功能也是非常重要的一个引流工具。我们可以想象一下，当自己进入了一个陌生人的 QQ 空间（这也是 QQ 空间和微信相比的优势所在：陌生人也能够看到），首先会做的是什么？大概 90% 的人都会首先打开相册，想要对这个陌生人有直观的了解。

正因如此，对于相册内容的选择，方法和朋友圈内容一样，需要有营销照片，还需要有和营销无关的照片，以此拉近与观看者之间的距离和信任度。同时还可以将自己同客户的一些聊天记录、客户对产品的使用感受都截图放入相册当中，从而提高观看者对产品的信任度。

◎ **第 5 把刀：小李飞刀——互推**

小李飞刀，例无虚发，说的正是小李飞刀最大的特征——“精准”。

每一个微商朋友圈中都有大量的潜在客户，经营不同产品的微商潜在客户群体中又存在一定的重叠，因此可以利用这种重叠，进行引流交换。

例如，经营两种有一定关联性，并不是冲突产品的微商互相在自己的朋友圈或者 QQ、微信群中推广对方的产品，从而达到引流的效果。

我们常常会发现，通过这种方式得到的客户，反而比其他方式获得的客户转化率更高。

◎ **第 6 把刀：八卦刀——微博**

此八卦非彼八卦，这里的八卦刀，是娱乐八卦的八卦。

微博又被称作微型博客，使用者可以轻松地通过手机或者 PC 在微博平台上分享传播信息，传播的方式则是以文字、图片或者视频为主。随着移动互联网时代的快速发展，微博这种社会化自媒体工具越来越受到广大网民的喜欢。

微博的特征是有趣、新鲜、传播速度快、受众广，微博引流尤其青睐带有娱乐八卦性质的内容。

很多聪明的微商早就开始利用微博工具进行营销，实现引流的目的。

熟悉微博的人都知道微博粉丝的重要性，在微博营销当中，微博粉丝数量对微商引流也起着至关重要的作用，决定了引流信息的传播速度和传播量。因此想要进行微博引流，首先要拥有一个具有一定粉丝数量基础的微博号。当然，现在很多高粉丝量的微博号都接广告业务，这样做非常简单方便，但是对于一些刚起步的微商来说，不一定能够承担得起相关费用，并且营销是一件长久持续的事情，所以从长远考虑，自己培养微博粉丝更加有利于日后营销工作的开展。

想要微博获得粉丝的关注，首先要明白粉丝愿意关注微博号的原因——能够带来价值。这里价值的范围非常广泛：给粉丝带来第一手行业资讯是价值，让粉丝看到微博内容可以开怀一笑也是价值。因此，微博是以内容为王道，只有可以给粉丝带来价值，粉丝才愿意关注。只有牢记这一点，才能让一个营销微博号持续运行。

◎ 第 7 把刀：修罗刀——直播

修罗刀是《天龙八部》之一阿修罗使用的武器，杀伤力巨大。阿修罗一族的女性都非常美貌，用来代表直播引流最合适不过。

修罗刀和其他刀不同的是，其他刀基本主打“刀”本身（内容），而修罗刀看中的是使用刀的人。对于直播来说也是如此，通过主播来吸引人气实现引流。

如今直播行业可以说是异常火爆，并且已经和不同的互联网行业相结合，形成了“直播 +”的新经济模式，无数大腕明星纷纷加入了直播行业，希望从中分得一杯羹。微商同样可以和直播相结合，实现引流甚至是直接卖货的目的。

例如，2016 年 5 月，著名女星柳岩就在直播平台现场进行卖货，吸引了 12 万人观看，转化率也高得惊人。虽然一部分商家没有能力请到像柳岩这样具有号召力的明星，不过随着直播业的不断火爆，各种草根直播人气网红也是层出不穷，这些网红都有自己的粉丝群体，具有一定的号召力。

同这些小网红进行合作，让其在直播过程中对微商产品进行宣传和导流，也是一个不错的选择。

◎ 第 8 把刀：暴雨梨花刀——百度

世界上当然没有暴雨梨花刀，倒是有个暴雨梨花针。但是用暴雨梨花刀这种意向来形容百度引流，却是非常到位的。

现如今，通过移动端各种引流方式产生的流量正在不断地增加，但是在PC端，百度依然是最大的流量入口，百度引流其实是一个笼统的说法，因为百度旗下有一系列工具都可以被我们利用，如百度百科、百度知道、百度新闻、百度图片、百度推广等，这些工具都可以加以利用，来增加品牌的知名度以及用户对商家的信任度。

◎ 第9把刀：双刀——线上线下互推，实体为线上引流

实体店铺引流，实现的是将线下流量引入线上，方便商家对客户进行大数据收集和管理，当然，这种引流方式建立在微商拥有实体店铺的基础上。

实体店铺为线上引流，好像一把双刀，实现的是“1+1>2”的效果。

这种引流方式最为常见的类型就是当客户进店消费之后，商家通过打折、赠送优惠券或者赠送小礼品等方式吸引客户关注商家，以此来达到将线下流量引入线上的目的。

另一种类型并不常见，但也有商家在使用：虽然商家有实体门店，但是下单、支付都在线上进行，不提供线下下单、支付服务，从而实现流量由线下引入线上的目的。

◎ 有效粉丝比粉丝数量更重要

无论采用哪一种引流方法，最终目的都是获得更多的粉丝。在这里需要强调一点，粉丝并不是数量越多越好，因为粉丝的精准度、忠诚度、活跃度要比粉丝数量更加重要。

一部分微商企业陷入一种错误的思维中，认为企业的业绩和粉丝数量有直接的关系，只要粉丝数量足够多，业绩就一定足够好，所以就通过各种手段不加选择地进行吸粉。通常这些微商企业的最终结果就是粉丝数量喜人，但是其中有相当一部分都是无效粉、僵尸粉，完全没有意义。

所以，无论微商企业采用何种加粉方式，都需要明白有效粉丝比粉丝数量更加重要，不要盲目被粉丝数量吸引。

开启朋友圈裂变

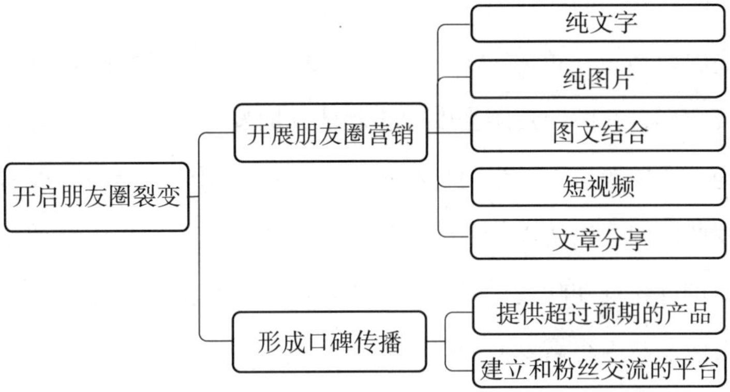

图 5－2 开启朋友圈裂变

第一步：开展朋友圈营销

在一些不了解微商的人眼中，朋友圈营销就是不停地在朋友圈内刷屏发图片、发广告，然后坐等客户前来咨询。事实上，这种营销方式通常不会有任何效果，只会让朋友圈中的好友越来越反感，最终选择屏蔽，白白损失潜在客户。

朋友圈营销并不是一定需要发布广告，至少不是非常生硬的硬广告，更多时候应该以软文的形式出现。其内容主题包括：传播正能量，对微商的经验之谈，幽默故事，产品小视频，等等。

其发布的形式则主要分为 5 种：纯文字形式、纯图片形式、图文结合形式、短视频形式、文章分享形式。

微信朋友圈是移动互联网所特有的一种社交工具，大多数人都是利用碎片化时间去浏览。因此，微商在朋友圈中无论发布什么主题、什么形式的内容，都要足够精简。过于复杂或者需要消耗大量时间的内容都会让他人感到反感。

所以，朋友圈内容如果以文字形式发布，那么字数最好控制在200字以内；图片则控制在2～5张；分享文章虽然没有太多限制，但也不宜过长。

对于刚接触微商的新人来说，应该在朋友圈发布什么样的内容是一件非常头痛的事情，一部分只求省事的微商新人选择无差别复制他人的内容，直接发到自己的朋友圈当中。复制他人朋友圈内容的方式并不是不可取。作为一个微商新人，想要自己每天原创朋友圈内容是一件非常困难的事情，因此我们可以使用他人的内容。但是我们在使用他人的朋友圈内容之前，要进行甄别和筛选，确保内容适合自己的朋友圈营销。

一般朋友圈内容需要遵循以下几个原则：

具有价值、富有娱乐性、能够产生共鸣、有一定的话题性，并且内容需要和自己经营的产品有一定的关联性，符合这些要求的才是一条合格的朋友圈内容。

◎ 第二步：形成口碑传播

消费者在使用一款产品之后都会对产品有一个评价，这个评价或是正面评价，或是负面评价。如果消费者对于产品非常满意，这种满意已经超过自己对产品最初的预期，那么消费者就有可能将产品向周围的人推荐，从而形成口碑传播。通过不断地传播，微商企业最终实现裂变。

不过我们可以将口碑传播看作是一把双刃剑，产品超过消费者的预期，就会形成正面口碑传播，有利于产品品牌的建立；然而当产品低于消费者的预期时，消费者就会因此产生负面情绪，向商家表达自己的不满。此时商家要谨慎对待消费者的不满，如果消费者没有从商家那里得到一个满意的答复，消费者就可能将自己的糟糕体验告诉周围的人，从而形成负面口碑传播。虽然负面口碑的传播性低于正面口碑传播，但是负面口碑对微商企业的品牌造成的影响依然不容小觑。

因此商家在面对消费者的不满时要谨慎应对，避免出现负面口碑传播的情况。如果商家面对消费者的不满处理得非常圆满，不但会消除消费者的不满，还可能因此改变消费者的态度，转而对商家的行为进行正面口碑传播，同时口碑传播也是商家培养品牌粉丝的一种重要方式。

现在很多商家都建立了粉丝和商家直接交流的平台，在商家和粉丝交流的过程中听取粉丝对产品的意见，然后根据粉丝的意见对产品适当做出改进。粉丝则会从商家的这种行为中感觉到自己受到了重视，从而由普通客户转化为忠诚度极高的核心客户。

5.2 如何让用户自愿为你转发传播

提供超过预期的产品和服务

微商的传播和推广都离不开社交，而非传统模式那种铺天盖地式的宣传推广，所以微商应该走的模式是通过社交平台实现口碑传播、裂变传播。因为移动电商的崛起搭配社交平台的火爆，满足了微商信息分享模式所需要的天然条件。例如，现在流行的微信、微博等社交平台都有一键分享、转发的功能，用户也可以随时通过移动终端将自己想发的内容通过文字、图片、视频等形式发布在社交平台上。

实体微商还有传统微商不具备的一个条件：用户可以线下体验。线下体验能够让用户对产品或品牌的印象更加深刻，从而有更强烈的分享热情。

一直以来，社交平台都是微商最为核心的营销工具，因为它可以帮助微商实现口碑营销和裂变。因此，对于微商企业来说，如何让用户资源对自己的产品或者品牌进行转发就成为非常关键的问题。

既然是关键的问题，那么想要做好微商，企业就必须找到问题的答案。微商企业需要用户自发传播，但是用户不可能平白无故地就帮助企业进行传播，所以企业首先需要知道用户进行自发传播的动力在哪里。

对于用户来说，无论商家的模式是什么，产品永远都占据核心的位置。

每一位用户在购买产品时都会对产品有一个预期值，也许很多人并没有意识到，但这并不代表对产品的预期值就不存在。

例如，一个人去买一支笔，他对笔的基本预期值就是写字，假如买回来的笔不能写字，是坏的，这就低于用户的预期值，用户就会对商品感到不满。如果使用后笔给用户带来的体验超过了写字的预期值，如笔不但能够写字还非常漂亮，拿出去很多人都夸奖，那么用户就会非常高兴，就有可能进行自发传播。因此实现自传播，微商企业还是要从产品入手。

产品质量不用多说，一个产品如果质量存在问题，自然不可能超过用户预期。一个产品的质量非常优秀，也能够超出用户预期。例如，一款手机多次摔在地上都没有损坏，这样的质量也能超过用户预期。

如果企业在产品质量上无法有更多突破，就可以在新颖有趣上做文章，让用户使用产品之后可以产生额外的愉悦感，带来额外的价值，这种额外获得的愉悦感和价值就超出用户的预期，也是用户自愿对产品进行转发的动力。

核心问题：我们的产品能否满足顾客的虚荣心

经济学巨奖获得者凡勃仑曾经说过：当一个人的基本生活需求得到了满足，接下来占有更多物品的行为大多都是基于竞赛心理，消费是为了炫耀和攀比，而不是物品本身的使用价值。

也许有人并不认同凡勃仑的说法，并且对虚荣的行为不屑一顾，但是诸如微信、微博这样的社交平台，满足用户的虚荣心已经成为其存在的重要价值之一，也是各种社交产品快速发展的重要驱动力之一。这些都从侧面说明了虚荣心对用户行为的影响力。

很多人在社交平台上发表动态的目的就是获得他人的点赞和评论，点赞和评论的人越多，发布者的虚荣心就越能够得到满足。我们可以将这一点变为用户自传播的动力所在。

利用虚荣心鼓励用户进行自愿转发，最主要的是通过自己的产品帮助用户建立起横向比较的优越感，这需要微商企业从横向对比上来思考这个问题，而不是将用户当成一个独立的个体来思考。

那么如何帮助用户建立起横向比较的优越感呢？最好的方式就是将自己的产品品牌打造成高端品牌。

在现实生活中，财富并不是均等分配的，因此总有一部分人会处在优势地位，这部分人希望通过有形的物质来展示出这种财富优势地位，奢侈品就此产生。通常奢侈品都具有一定的排他性和稀缺性，并不是人人都可以获得，财富优势的人便通过奢侈品来彰显自己的地位，这就是高端品牌的营销策略。

当然，微商销售的产品不可能只针对小部分客户，还要能被多数客户接受，可能有人认为高端品牌的战略对于微商并不适合，其实不然。

大众可以接受的产品同样能够被打造成高端品牌，最为典型的例子就是曾经的苹果手机。虽然现在苹果手机已经被拉下了神坛，但是在几年前，苹果手机一度成为时尚的标志和财富的象征，无数人购买苹果手机之后第一时间就会登上 QQ，因为 QQ 会显示 iPhone 登录，甚至后来还出现了专门的软件来模拟苹果手机登录 QQ 的状态。

借鉴苹果曾经的例子，我们就可以知道微商产品同样可以打造成高端品牌。而一旦品牌打造成功，粉丝购买产品后为了向他人展示自己的优势地位，自然愿意对产品进行转发传播。

引流工具的运用

无论是分享还是推荐，最终目的都是实现微商品牌和产品的裂变，继而让微商企业能够迅速发展。不过，虽然微商企业在进行营销时会把提高粉丝分享和推荐积极性的元素考虑在其中，但是此时分享和推荐还是一种粉丝自发的行为，即使有微商企业营销手段的影响，也不能保证粉丝会积极进行分享和推荐。粉丝的积极性不足，裂变就会受到影响，微商企业的发展也就会受到影响。此时，微商就需要有工具思维，利用工具来提高粉丝们的积极性。什么是引流工具？笔者用一个例子来说明。

笔者在超市买了一瓶水，在交易完成后，超市老板希望我帮他多介绍几个人到这里买东西。对这样的请求，出于礼貌，我会表示答应，但是实际上却不一定会这么做。原因很简单：我为什么要帮你多推荐其他人来这儿买东西？并且，我即使想要推荐给其他人，除了关系要好的朋友可能会听从我的推荐，来这家超市买东西，关系一般的人还有可能认为这家超市和我有什么特殊关系，我才帮超市拉生意，所以也就不会听从我的推荐。

所以，超市老板希望依靠我进行的裂变计划就此失败，因为我不会努力推荐朋友去他的超市买东西。

过了几天，超市老板发现让我推荐没有效果，于是改变了策略，给了我一堆优惠券说："你可以把优惠券送给朋友，凭这个券买东西可以打九折，并且我会记录下用这个券来买东西人的数量，每来一个人我都给你返利。"

这样一来，我自然就会努力推荐周围的人到这里来买东西，并且推荐也变得非常有效率，因为有优惠券的存在，拿到优惠券的人多半都不愿意看着优惠券作废，于是就前去购买。

当被推荐过去的人买了东西之后，超市老板同样会给这些人一些优惠券，让他们也推荐周围人到这里来购买东西，超市的可持续裂变就此开始。

例子中超市老板第一次裂变的失败和第二次裂变的成功，区别就在于优惠券和返利上。这里的优惠券和返利就是微商工具，超市老板第二次因为合理运用了工具，裂变模式才获得了成功。

在微商实际的裂变中，推荐者很多时候都是和推荐的商家有着利益关系的，推荐人往往在产品成交之后，可以从中获得一笔佣金。对于被推荐者，接受推荐就可以获得一定的优惠，推荐和被推荐者都有利可图，推荐自然就成功了。

同样的方式也可以出现在购买产品的人身上，让他从购买者转变成推荐者，也从中赚取佣金，推荐的裂变就此产生。

所以，企业在开启裂变模式之前，首先要找到正确的工具，考虑清楚模式中每一环节需要用到的工具，然后再启动裂变。

◎ 利益永远是第一驱动力

在饭店吃饭时我们经常会碰到这样的事：只要在朋友圈发送饭店指定的内容（可能是显示地址的吃饭照片，也可能是商家的活动信息等），就可以获得免费的赠品。多数消费者都会选择接受，饭店也因此实现了用户的自愿传播。

在微博、微信上经常看到的集赞打折、邀请好友砍价、转发给优惠、转发抽奖等活动都是通过利益吸引来实现用户的自传播。虽然一部分用户对商家的这种行为会略有反感，但大多数用户还是愿意接受商家的条件。

如今这种模式已经非常常见，微商企业可以根据自身情况选择适合自己的方案。但是使用这种方式需要注意一点，当用户完成企业要求的转发宣传之后，企业必须落实自己的承诺。如果企业出现了没有遵守承诺的事情，后果可能非常严重。

虽然这种转发获得的利益一般并不多，但用户更反感的是企业不遵守承诺的欺骗行为，并有可能因为这种行为而对企业口碑进行负面传播，影响企业的品牌形象和信誉。

还需要注意的一点是，微信官方并不支持“诱导分享”的行为，直接使用微信公众号做这类活动有被封号、拦截链接、删除诱导增加粉丝等处罚，多次被处罚甚至可能会被永久封号。因此企业微商在使用这种方式时要学会合理规避处罚。

微博平台对这种行为就显得非常宽容，甚至可以说是支持，如微博就设立有专门的转发抽奖平台，确保抽奖的真实性。所以建议尽量在微博平台上使用这种方式。

第6章
CHAPTER 6

团队打造：建立一支实力强大的微商团队

6.1 微商团队的体系打造

岗位系统：基础团队的岗位设定

微商团队建设

笔者曾经给一家服装实体企业做过咨询。在和这家企业负责人沟通之后，他们明确了企业要转型实体微商的方向。不过在确认转型方向后，企业负责人问了笔者一个问题："我们想要转型实体微商，肯定需要一个专业的微商团队来运营，那么这个团队应该如何组建呢?"

实际上，很多想要转型实体微商的企业负责人都曾问过笔者这个问题，所以笔者下面想说的就是实体企业如何组建自己的微商团队。

无论做什么事情，首先必须要有做的想法，然后再由适合的人去做这件事情。现实通常是：想法是简单的，实施却是困难的。其中的一大困难就是找到适合的人去做这件事情，企业转型实体微商也是如此。

企业有转型微商的想法是正确的，接下来就是组建微商的运营团队，企业如果没有一个适合的团队来运营微商，一切都是空谈，所以这是一个非常重要的问题。那么企业微商团队究竟该如何建设呢？我们先从必须配备的岗位说起。

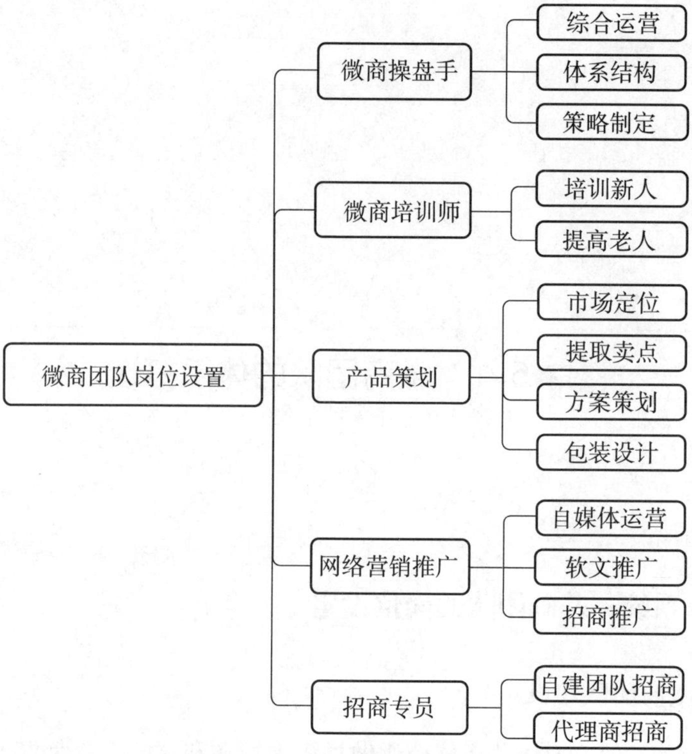

图 6－1　微商团队岗位设置

◎ 微商操盘手

想要组建一个微商团队，首先需要确定的人就是微商操盘手。

微商操盘手可以说是微商团队的核心所在，因为微商团队的综合运营、体系结构、策略制定等和团队整体发展有着密切关系的事情都由微商操盘手负责，因此我们可以将微商操盘手看作是微商团队的第一负责人，他的称职与否直接关系到企业整个微商计划的成败。

微商操盘手首先必须要有微商的从业经验，这是基本条件。一个没有微商从业经验的人不可能成为一名合格的微商操盘手。

微商操盘手还需要有丰富的团队管理经验。微商操盘手是整个微商团队的第一负责人，需要带领团队共同前进。因此团队管理经验也是必须具备的。

在笔者遇到的企业转型微商失败的案例中，相当一部分企业都犯了同一个错误：企业老总明明不懂微商或者仅懂皮毛，却非要自己担当微商操盘手的角色。这样一来，虽然组建的微商团队中有其他懂得微商的人，但是在企业老总的横加干涉下完全没有发挥的余地。这就导致团队朝着错误的方向前进，最终导致整个微商计划失败。

◎ 微商培训师

在微商运营团队当中，除微商操盘手之外，还有一个非常重要的角色——微商培训师。

在所有的微商团队中，培训师都是必不可少的。一方面，任何一种微商模式都需要发展代理，进行裂变。然而很多代理是因为看到微商行业前景才选择进入的，并没有实际经验，因此企业微商团队就必须给这些新接触微商的代理们进行专业的培训。否则这些代理仅凭自己摸索，很容易会被竞争对手淘汰出局。

另一方面，很多微商老人在发展到一定阶段之后，很容易碰到增长瓶颈。如果没有一个恰当的人指导这些微商老人，他们可能会在原地踏步很长一段时间。而这个指导他们的工作也是由培训师来完成的。

所以一位专业的微商培训师也是微商团队必需的关键人物。这里需要特别强调一点，微商培训师必须是专业的，而非临时客串的。

随着微商模式发展日臻成熟，越来越多的微商团队意识到了培训师的重要性，所以好的培训师成为行业中的稀缺资源。一些找不到合适微商培训的团队，就会退而求其次，选择一些并不怎么了解微商的培训师充当团队培训师，这样做自然起不到好的效果。因为这类培训师自己都不了解微商，也就不可能教会新人代理们如何做好微商。

◎ 产品策划

任何一款产品在推向市场之前都需要经过营销策划人员对产品进行包

装。例如，一款新的产品首先需要市场定位、提取卖点、文案策划、包装设计等，这些工作都是产品营销策划人员需要做的事情。

“市场定位”“提取卖点”几乎是所有营销知识都会提到的内容，受到这个因素的影响，大多数企业领导者对此比较重视，会在这方面投入较多。

然而，“文案策划”“包装设计”等内容却被一部分企业领导者忽视，这非常不利于产品日后的传播推广，尤其是在移动互联网的微商领域。

因此，企业团队需要寻找有成熟经验的产品设计人员去负责这些事情，如果微商企业在资金资源方面有所欠缺，无法找到合适的人选，也可以选择外包给专业团队来做这件事情。不过考虑到在企业微商发展的初期，有大量策划设计工作要做，因此，微商团队最好能够自己聘请专业的人员。

◎ 网络营销推广

网络营销推广工作是微商最为重要的一项工作，也是最基本的一项工作。其中的内容包括自媒体运营、软文推广、招商推广等。一个出色的网络营销人员，可以有效提高企业营销推广的效率。

所以，微商企业在挑选这类人员时要注重人员的综合网络推广能力，而不是只看朋友圈营销或者公众号营销等单方面的能力。

◎ 招商专员

寻找产品代理是微商最为重要的工作之一，必须安排专门人员负责产品招商。

通常招商可以分成两种，一种是微商企业自己组建团队直接进行招商，还有一种是微商企业通过代理商进行招商。对于微商品牌自建招商团队招商，大多数企业会采用线上、线下相结合的方式进行，因为寻找负责专员时，不但要求对网络营销有一定的了解，还要有线下营销招商的能力。

代理招商人员大多没有相关的经验，因此在开始工作前需要培训师进行相关的培训，然后才能投入工作。

上面所说的岗位就是一个企业微商团队必须设置的。当然，不同企业自身情况不同。例如，处于创业期的企业各方面资源不足，没有足够的人力和精力去分别设置这么多岗位，可以进行岗位合并，一个人负责多项工作，待日后团队运营逐渐步入正轨后再进行完善。

招募系统：如何筛选发展代理商

引导新人代理正确地进行定位

微商的火爆吸引了很多人参与，转行成为微商代理。但是对于很多刚接触微商的人来说，他们只知道微商可以赚钱，却不知道应该如何做才能赚钱。很明显，这部分人如果没有正确的引导很难成为优秀的代理。

因此，每个微商企业对于什么都不了解的新人代理都会进行相关的培训。但是其实微商企业在培训之前，还有一件非常重要的事情要做，就是让这些什么都不了解的新人考虑清楚究竟为什么要做微商代理。

每个人踏入微商领域所抱有的目标是不同的，有的人是希望在工作之余赚取些额外收入；有的人是想要先进行尝试；有的人是想要将微商作为自己的事业；有的人是想要通过微商进行创业。

目的不同在微商投入的精力和时间各不相同，得到的结果也就各不相同。

例如，想要赚取额外收入的人、需要学习微商代理相关的知识，学会经营微商的各种技巧，然后再开始利用社会关系资源进行销售，才可能获得收益，并且可能在初期收益比较少。

想要将微商当成自己事业，想要通过微商进行创业的人，则在充分了解微商和掌握微商技巧之后，还要花费大量的时间和精力去搭建自己的社交关系网，发展自己的代理商，这样做才有可能实现自己的目的。

只有让微商新人们思考清楚究竟为什么要做微商代理，他们才能判断成为微商代理是否真是自己想要的。

如果新人在经过思考之后发现成为微商代理并不是自己真正想做的，就可以及时退出，避免浪费自己的时间和精力。同时这种做法也替微商企业进行了第一层代理筛选，避免在培训代理上浪费有限的资源。

微商企业要明白，代理并不是越多越好。如果代理团队中有太多无效代理，也就是最初自己并没有想明白就稀里糊涂地加入了代理团队，这些代理只会成为团队的负担，还可能会影响其他的代理，而不是企业的资源。

◎ 如何发展代理

在通过初步筛选之后，剩下的微商新人就应该是真正想要踏入微商领域的“准代理”了。对于这些“准代理”，微商企业可以通过三个步骤将其变为自己品牌的代理。

图 6－2　三步发展微商代理

1. 消除疑虑

“准代理”们虽然确定自己想要加入微商，但是在真正要选择产品的时候，他们又会犹豫不决。

面对想要成为代理又犹豫不决的人，一部分微商企业采用的方法是死缠烂打，拼命推销自己的企业和产品。实际上微商企业大可不必这么做。因为无论这些人犹豫的理由是什么，追根究底都是对微商企业和产品的不信任。如果此时微商企业死缠烂打进行推销，有可能起到相反的作用。

所以此时微商企业需要做的是表现出足够的信心，在大致介绍完企业产品和代理政策后，接下来的工作就是打消常见微商新人对成为代理的疑虑，如成为代理不会卖货怎么办（告诉对方企业有完善的培训系统），企业是不是骗子企业（实体微商的企业都有实体资产做保障，必要时可以组织微商新人到企业实地考察），等等，然后让对方自己去思考。但是在让对方自己考虑前要说明，市场是不会站在原地等他去占领的。

2. 列举案例

如果微商新人持续犹豫不决，无法做出决定，或者是因为各种担忧想要放弃成为产品代理，这时就可以通过列举成功案例的方式来说服对方。

在后面的代理管理方法内容中将会提到一个“三群管理法”。此时微商企业就可以发挥核心代理群的作用，从核心代理群中挑选和微商新人情况类似的代理做案例，帮助新人建立信心。

在介绍案例时，必须要向新人传递一个信息：微商不是一个人做的，而是一整个团队共同去做的。让微商新人明白在成为微商代理后，背后还有一个微商团队在支持，他并不是孤军奋斗。

3. 详细介绍企业和产品的情况

即使微商新人在经过考虑之后加入团队，成为正式代理后，也不能代表他们完全信赖微商企业和产品。此时如果出现一些意料之外的情况，这些原本就犹豫不决的代理新人很可能就会产生退缩心理，离开代理团队。

因此，当微商新人成为企业代理之后，领导者首先要做的是详细地介绍企业、产品以及目前代理团队的情况，其中以介绍代理团队的详细情况最为重要，包括团队规模、销售业绩、发展前景、未来目标等，以此来帮助代理新人树立起信心。

当微商企业完成这三个步骤之后，新人代理基本就已经稳定下来，接下来的工作就是运营好代理群，保证代理群的正常运转。

培训系统：让每一个代理在学习中成长

在微商模式中，培训代理是一个非常重要的环节。对于一个规模较大的微商团队来说，几乎每天都有新人代理加入。但是这些微商新人除了拥有对微商、对前途的热情和向往之外，什么都没有。很多新人对微商的了解仅限于自己在朋友圈看到的刷屏广告。如果微商团队不能及时对这些新人进行培训学习，这些新人多半熬不过一个月就会对微商失去信心，这对于微商企业来说无疑是一种损失和消耗。

对于一些微商老鸟来说，没有专业指导，很可能遇到增长瓶颈，长期保持一个状态止步不前。因此培训对于这些微商老鸟们也是非常必要的。

下面笔者将介绍微商团队应该如何给团队成员进行培训。

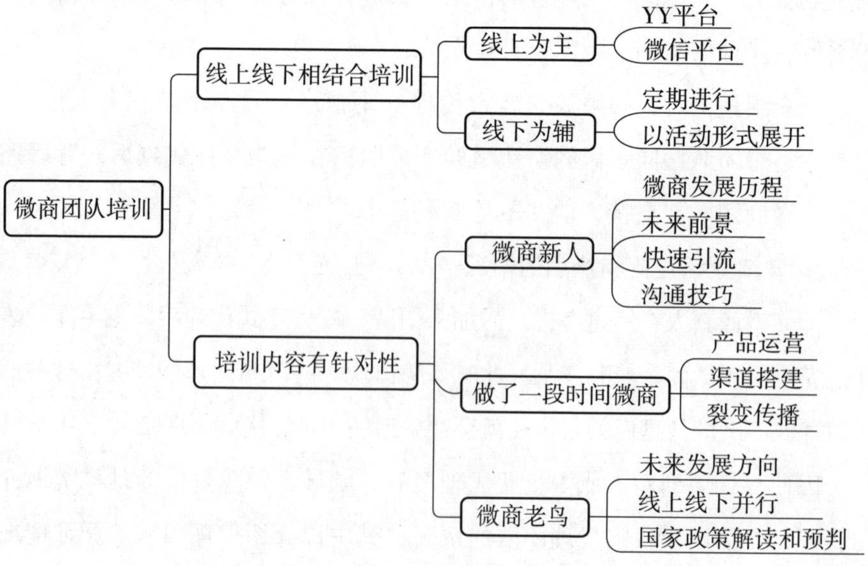

图 6－3　微商团队培训如何开展

◎ 线上线下相结合培训

微商培训模式大致可以分为线上培训和线下培训两种模式。

线上培训是现如今微商团队使用较多的一种培训方式。因为微商团队的成员通常都来自五湖四海，不在同一个城市。所以，虽然线下培训是必需的，并且要根据实际情况定期进行，但是不可能经常进行，而线上培训打破了地域限制，只需要选择一个群聊平台就可以进行，非常简单，所以建议微商团队将线上培训作为主要培训方式，线下培训主要起辅助作用。

进行线上培训可以使用的平台有很多，如今使用率最高的就是 YY 平台和微信群语音平台。两个平台优缺点各不相同，因此适合培训的内容也各不相同。

例如，YY 平台用来做培训的优点就是非常稳定，PPT 和屏幕能同步展示，和学员进行互动非常方便。缺点则是培训以直播形式开展，如果学员错过时间就无法听取培训，所以 YY 平台适合有较多互动的培训。

微信语音平台和 YY 相比，较为灵活是其一大优势，学员即使在培训时并没有参与，在结束之后也可以通过查看聊天记录的方式进行学习。但是在微信语音平台上有很多参与者是抱着引流的想法来参与的，所以在微信平台上进行的培训更多应该是以引流宣传和相关知识讲解为主。

◎ 培训内容有针对性

每个参与微商的人都有学习的需求，但是学习的目的却各不相同。就像微商新手和微商老鸟虽然都有学习的需求，但是希望听到的内容却大不一样，所以微商培训应该有针对性地展开。

一般有学习需求的人可以分为 3 种：

第一种：纯微商新人，看到周围的人依靠微商有了发展，所以自己也一头扎进了微商当中。但是这些人对微商可以说是一窍不通，什么都不了解，也没有做过足够的功课。所以针对这些人的培训需要从头讲起。

对于这部分新人，培训的内容应该包括介绍微商的发展历程、未来的前景、快速引流的方法、与客户沟通的技巧，等等。同时还需要提醒这些微商新人，虽然未来微商前景一片大好，但是做微商还是需要脚踏实地一步步来。防止微商新人因为对赚钱过于急躁而走一些所谓的“捷径”，如销售假货，做一次性的生意。

第二种：已经做了一段时间的微商，对微商有一定的了解，脱离了微商新人的范畴。但是微商业绩却一直做不好，停留在初级阶段，不知道应该如何进阶发展。

这部分人的学习需求是寻找发展机遇，解决目前的迷茫和困惑。他们不缺乏微商基础知识，他们需要的是微商进阶知识。

对于这部分人的培训内容包括招募代理方法、产品运营方式、如何搭建销售渠道、如何实现裂变传播，等等。当他们掌握了这些内容之后，就有了足够的知识去完成进阶。

第三种：已经做了很长时间的微商，是微商老鸟，做得也比较顺利。不过现有规模已经不能满足自己，但是依靠自己现有的能力又无法继续发展扩张，也就是遇到我们经常说的发展瓶颈。

这部分人的学习需求就是寻找突破瓶颈的方法，他们知道在瓶颈的背后，还有着巨大的发展空间，但是以现在自己的能力是看不到的。

所以这部分人需要的是微商深造的知识，内容可以包括深度解读未来微商发展方向、线上线下代理并行、国家对微商现有政策的解读以及对未来政策的预判，等等。

◎ 从代理中培养合格的讲师

微商团队需要一个专业的讲师，但是对于一个大型微商团队来说，一个专业的讲师是不够的，所以企业需要从团队中选拔合格的讲师，让这些讲师将自己的经验传播给团队中的其他人，带动整个团队的发展。而为团队选拔讲师就是培训的另一个重要作用。

通过选拔挑选出来的讲师将会在团队中分享自己的经验，引导其他代理们前行。并且在团队内部获得讲师的身份会让自己更具有影响力和话语权，这是每个微商代理都希望得到的，所以选拔讲师时需要慎重。可以先进行自愿报名，然后进行挑选审核，最后进行试用。当试用通过之后，才可以正式加入团队讲师队伍，带领团队其他成员共同前进。

管理系统：用科学的手段增强代理商黏性

很多企业在刚转型微商时兴致非常高，对企业未来的发展前景也非常乐观。但是在微商逐渐步入正轨之后，面对数量众多的代理，总是无法做到有效的管理，最终企业的微商计划因为代理团队的瓦解而失败。

这种现象在微商当中绝不是个例，很多企业在转型微商之后都是因为代理团队的瓦解而失败。所以，如何管理代理团队就成为众多微商企业最为关心的内容之一，下面介绍几种常用管理代理的方法。

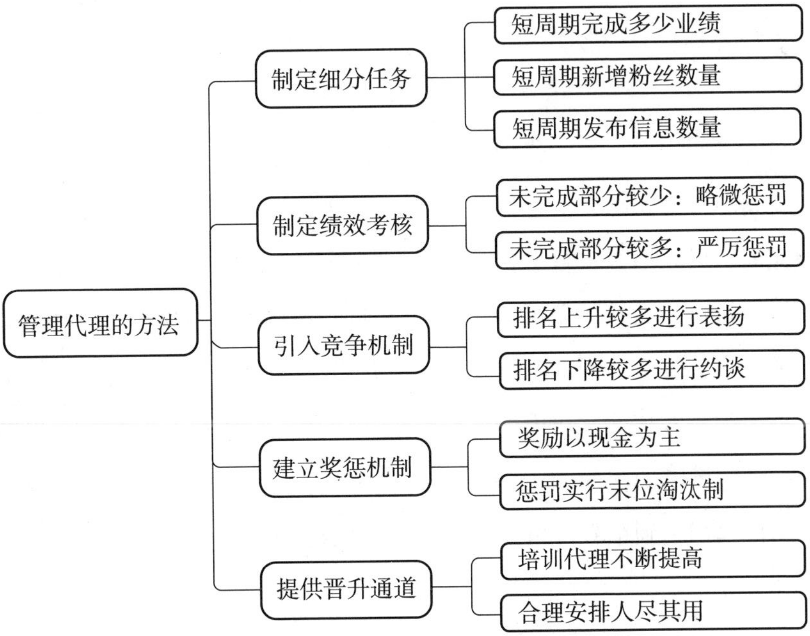

图 6－4　管理代理的方法

◎ 制定细分任务

虽然通过多学习和改善团队氛围的方式可以提高代理的工作积极性，但是监督和督促还是有必要的。

每个代理团队都有团队目标，部分团队也将目标细分到了个人身上，但是目标毕竟只是一个数字，一些代理虽然有足够的工作积极性，但是不懂得微商工作方法，经常做无用功，因此团队领导者应该对每一个代理都制定细分任务。例如，一个代理每周发布多少推广信息、新增多少粉丝、完成多少业绩，等等。

◎ 制定绩效考核

制定任务就有人能够完成有人无法完成，这时就需要用绩效考核来评定代理们任务完成的情况。

因为细分的任务都是代理日常应该完成的工作，所以对于完成任务的代理不需要提供什么奖励，或者对超额完成任务较多的代理进行适当的奖励。

对于没有完成任务的代理就需要分情况对待。例如，一个代理的周任务是新增 100 个粉丝，但是他只新增了 90 个，这种情况就是去做了，但是没有完成，可以略微进行惩罚起到提醒的作用。如果一个代理周任务是新增 100 个粉丝，但是只完成了 10 个，并且代理也没有特殊原因，那就是没有重视任务，对于这种情况就要严厉地惩罚，以作警示。

制定绩效考核通常使用表格来完成，让每一个代理手上都有一份绩效考核，上面清晰地写着自己的任务、完成时间、奖励或者惩罚机制等内容。当代理们拿到绩效表格之后，就有了明确的目标，知道自己每天应该去做什么。

◎ 引入竞争机制

建立竞争机制也是非常有必要的，有竞争才让代理更有动力。最简单的方式就是建立代理业绩排行榜，排行榜可以分为周排行和月排行，定期将排行榜在团队中进行公示，让每个人知道自己在团队中的排名。

在每次公布排行榜之后，领导者还可以召开例会，说明排行榜位置变动的情况，对一些排名有显著提升的代理进行口头表扬和鼓励，而对于一些排名显著下降的代理则要进行约谈，询问明显下降的原因，是否需要团队提供帮助。

◎ 建立奖惩机制

竞争机制通常都会搭配奖惩机制使用，因为没有了奖励和惩罚，团队成员对竞争的兴趣和关注度也将大大降低。

对于微商企业来说，不怕代理团队中业绩“贫富差距”过大，就怕没有差距。只有当业绩有差距时，代理之间才会有竞争意识，而当所有代理业绩都差不多的时候，大家就会得过且过，产生从众心理：既然大家都一样，那就这样吧，保持平均水平就可以。此时整个团队将会失去前进的动力。所以团队在建立竞争机制之后，还需要建立奖惩机制。

奖励的奖品以现金最合适，奖金设置多少则要根据微商企业具体情况来决定，但必须要对代理们有一定的吸引力，否则就失去了意义。

惩罚则可以使用末位淘汰制，具体就是当一个代理连续几次排名后几名时，就会被清理出代理团队。有人也许会觉得末位淘汰制过于残酷，但如今行业竞争激烈，市场对每个微商企业同样是残酷的，企业稍有不慎就会被淘汰出局。所以必须让代理们保持危机意识，改变个别代理“当一天和尚撞一天钟”的思想。

◎ 提供晋升通道

对于那些全心全意投入微商中的人来说，做微商除了希望能够赚钱，必然还希望自己能够在微商领域有所发展，而不是总在原地踏步，这也是微商代理愿意努力奋斗的重要动力之一。

所以，作为代理团队的领导者，就需要给团队成员提供晋升的通道，让他们看到晋升机会，这样非常有利于提高代理们的工作积极性。

要想让代理看到自己的晋升机会，首先，需要利用培训来实现。只有通过培训代理们才能感觉到自己有所提高，也才能感觉到自己有晋升的机会，而不是总在原地踏步。

其次，要合理安排每个代理所要承担的工作，让他们物尽其用，充分发挥自身的价值。这样做不但有利于激励代理向上攀升的欲望，还可以有效减少人力资源的浪费。

最简单的例子，一些代理具有领袖气质，就可以培养这样的代理成为意见领袖，帮助管理代理团队，继而激发其想要向管理层晋升的欲望。

约束系统：制度规范代理的行为

◎ 常见代理违规行为的约束方法

任何一个团队都离不开制度的支持，微商团队也是如此。和其他团队相比，微商团队的业绩更加看重团队的努力，而不是个人的突出。所以当团队取得优异成绩时，每一位成员都应该获得相应的回报，这对提高微商团队整体积极性、维护微商团队内部稳定性有着积极的作用。

反过来也是如此，当微商团队出现问题时，团队每一位成员都应该承担相应的责任，并且得到相应的惩罚，这也是为了维护团队的稳定和公平。这一切都需要一个完善的团队制度。

微商团队随着规模的增长，代理的数量也会越来越多。当代理数量达到一定程度时，就需要给代理们进行分级，制度相应的代理制度。

例如，将代理们分为特约、分销、二级、一级、总代几个级别，然后规定不同级别所对应的拿货数量和保证金。当然，不同级别的代理拿货价格也是不同的，但是这个价格必须严格保密。

代理制度除了制定出一套完善的等级制度，还要对代理们可能出现的各种违规行为进行约束，防止因为这些违规行为的出现损害团队整体或者其他代理的利益，常见的代理违规行为包括以下几种：

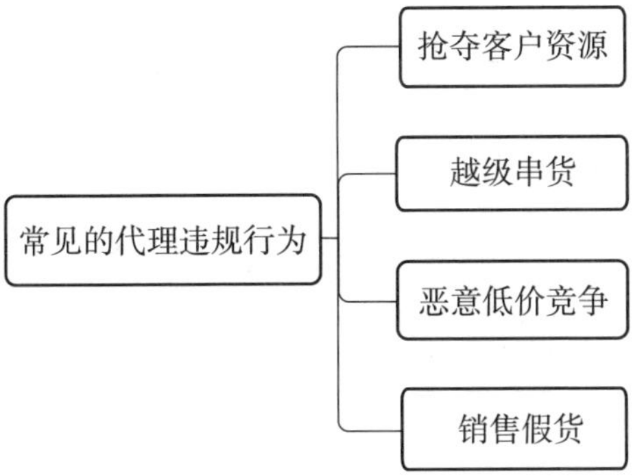

图6－5　常见的代理违规行为

1. 抢夺客户资源

代理们想要提高自己的等级，扩大个人的规模，就需要发展代理或者客户。这就有可能让不同代理之间出现抢夺资源的情况。

抢夺资源实际上就是代理之间抢夺客户资源。例如，一位客户对微商团队的产品感兴趣，已经与一名代理进行了初步的了解和咨询，此时另一位代理出来和客户进行接触，试图将客户转化为自己的代理，这就是一种抢夺代理资源的行为。

虽然从微商团队的角度来看，代理之间互相抢夺客户资源的行为似乎对团队没有什么影响，因为无论最终客户由其中任何一方转化成功，微商团队都会从中受益。但是抢夺代理这种行为会严重影响团队氛围，并且有时客户还会因为对这种同团队之间的抢夺行为而对企业产生不信任感，最终导致客户流失。所以对于这种行为微商团队必须有严格的制度规定。

2. 越级串货

代理商越级串货相信是大多数微商团队都会遇到的问题，也是微商团队在建立代理制度时必须考虑的问题。

越级串货实际上是两种行为，都是和代理拿货有关系。

越级行为指的是代理没有按照规定向自己的直属上级代理拿货，而是越过直属上级，直接和比上级级别更高的代理拿货，这就是越级行为。

串货行为则是指代理不向自己的直属上级拿货，转而找到其他代理去拿货。串货行为还可以分为三种：

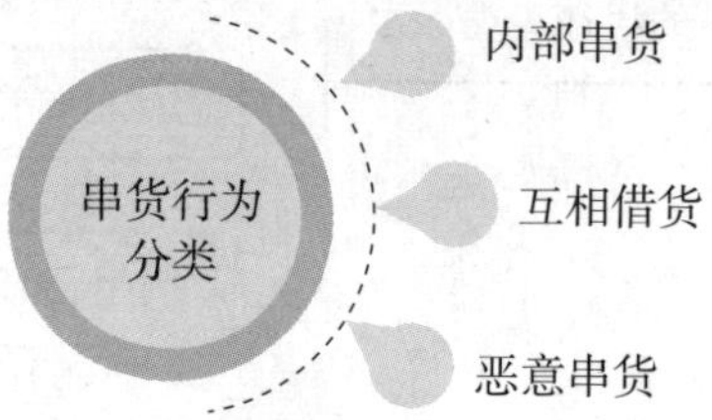

图 6－6　串货行为分类

第一，同一团队内部进行串货；

第二，代理之间流通性较强，相互进行货物借贷；

第三，为了寻求更多利润，代理商进行恶意串货。

无论是越级行为还是串货行为，都很容易让产品价格体系变得混乱，导致下级经销商对产品失去信心，同时这些行为也会严重损害品牌的形象。所以微商团队需要对这些行为在制度上进行约束。

3. 恶意低价竞争

微商团队必须有一套自己的价格体系，规范代理们的销售价格。

不过一些代理为了抢占市场，或者快速出货，有可能会故意降低产品售价，扰乱市场价格体系。对于这种行为微商团队必须进行严惩，否则将会引起更大的混乱。

4. 销售假货

传统微商曾经因为假货问题被大众误解，一部分消费者甚至认为只要是微商销售的东西就不能买。这种情况直到微商行业日益规范以及实体微商的出现，才有所好转。

但是在微商代理当中，企业不能排除有个别人会因为追求更大的利益而销售假货，这类代理通常是顶着正规微商品牌的旗号，销售一些从不正规渠道低价购买的产品。这种行为一旦被消费者察觉，将会对微商品牌造成巨大影响。因为消费者并不知道产品究竟是哪里生产的，只知道是从某个微商品牌代理的手中购买的，并且这种行为还会对整个微商行业形象产生影响。

所以对于这种行为微商团队要严格把关，一旦发现绝不姑息，应该将其立即清除出微商团队，造成严重后果的还应该诉诸法律。

上面所说的 4 种行为就是微商代理经常容易出现的违规行为，不过在实际工作中，需要规范的行为远远不止这几种，制定一套完善的团队管理制度，就是为了出现问题时微商领导者可以心中有数，做到“有理可依，有据可循”。

6.2 如何建立具有竞争力的微商团队

微商领袖必备的4种素质

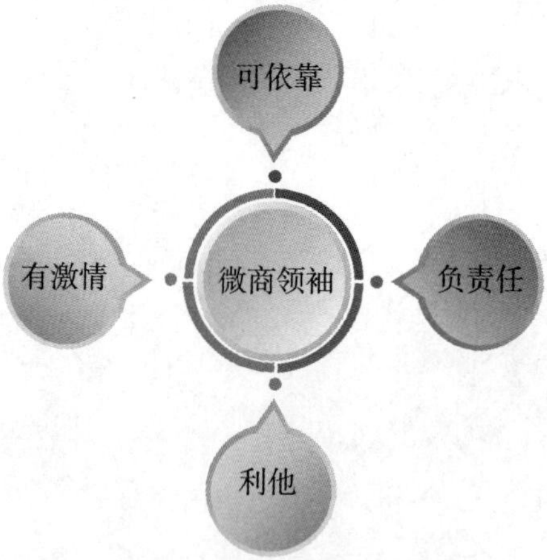

图6－7 微商领袖需要具备的4种素质

任何一个优秀的团队必然有一个优秀的领导者，微商团队也不例外。可以说优秀的微商团队是裂变的基础，优秀的领导者则是优秀微商团队的基础。

所以，实体微商企业想要打造一个优秀的微商团队，首先要培养一个优秀的团队领导者，也就是“领头羊”，而这个“领头羊”必须具备以下 4 种素质。

◎ 可依靠

微商发展了这么几年，如今已经到了“全民微商”的时代，每个企业都可以做微商，然后通过裂变来发展自己的团队，此时就需要代理的加入。

一种商业模式再好，能够供大家分享的蛋糕也是有限的。随着参与微商的企业越来越多，微商行业的竞争也就越发激烈，这时，想要成为微商代理的参与者就会谨慎选择产品，确保自己加入的是一个有足够竞争力的团队。

影响微商代理加入一个团队的因素有多种，包括产品因素、团队因素、规模因素、品牌因素等，不过除这几个因素之外，还有一个因素也同样重要，就是微商团队领导者是否可以信赖，是否可以被依靠。

那么究竟什么样的微商领导者是可信赖、可依靠的呢？笔者曾经在课堂上问过自己的学员这个问题，得到的答案则是五花八门。有的学员回答有能力的领导者，有的学员回答有信用、足够真诚的领导者……

这些答案并不能说是错误的，但肯定是不准确的。微商代理加入一个团队，他的目的就是依靠团队来获得利益。所以能够让代理们相信跟随自己就可以获得想要利益的微商团队领导者，就是可信赖、可依靠的领导者（当然，获得利益的方式要在道德和法律的框架内）。

微商代理们只有相信跟随一个领导者能够实现自己的愿望，他们才愿意加入这个领导者的微商团队，否则他们就没有加入的理由。

微商团队领导者想要让自己的团队得到发展，也需要让代理们相信自己，认为自己是可依靠的。但是想要获得这种信任并不是一件简单的事情。

一个微商团队的领导者想要获得代理们的信任，首先，要非常了解微商，熟悉微商的运作模式，同时还需要足够了解自己公司的产品。如果一个领导者对微商或者对产品的了解还没有代理们知道的多，就不可能得到代理们的信任。

其次，作为一个团队的领袖，必须知道如何布局，知道怎样去规划，并且可以随机应变地做出正确决策。例如，团队要推广一件产品，此时团队领袖就要对这件产品的营销做出详细的布局，将整个营销网络都规划进去，还要对产品制定出正确的发展目标，避免因为发展方向不明确而导致团队人心涣散，对未来失去信心。

最后，一个可靠的微商团队领导者还要拥有决断力和号召力。在市场竞争激烈的今天，情况总是瞬息万变，这就需要团队领导者迅速做出判断，制定出相应的对策。

基于移动互联网出现的微商打破了地域和时间的限制，虽然众多代理属于同一个微商团队，但是不同代理之间可能有着千差万别。他们可能来自全国各地，受教育程度和领导者悬殊，可能和领导者之间从未见过面，甚至可能同领导者直接进行语言沟通都存在困难。面对这样的团队成员，微商团队领导者如果没有足够的号召力，是不可能带领好团队的。

号召力培养和取得信任一样，都不是短时间可以得到的，这需要领导者在平时的工作中展现出足够的人格魅力，愿意让利给团队成员，成为团队的榜样，这样才能在团队中逐渐形成号召力。

◎ 负责任

什么是负责任？我们可以将负责任看成是微商团队领导者在处理事情时的一种心态：无论团队当中发生了什么事情，都和领导者有一定的关系。所以，领导者有义务对团队中发生的一切事情负责。

绝大多数人都有看热闹的习惯，当微商团队发生事情时，即使事情和他人没有关系，其他团队成员也会非常关注事情的发展。此时，领导者如果愿意承担责任，就会被团队其他人看在眼里，获得他人的认可和赞赏，提高自己在团队中的影响力。

反之，也是同样的道理，一个微商团队领导者在团队成员遇到问题时，首先想到的是将自己置身事外，以旁观者的身份去处理事情，这样的行为同样会被团队其他人看在眼中。

一个平日只会管教他人，从他人身上获得收益，但是出现问题第一时间撇清自己的领导者，自然在团队中不会得到认可，也就不会拥有多少影响力。

那么微商团队领导者如何去做才算是负责任的领导者呢？答案是：自愿承担和积极解决。

自愿承担：一个在微商团队成员眼中负责任的领导者，出现问题时会主动出来承担责任，而不是受到外界压力时才被迫出来承担。

例如，在微商团队中，两个代理因为争抢客户资源出现矛盾，继而开始相互攻击，相互诋毁，最终导致客户流失。面对这样一个内部矛盾严重的微商团队，客户很难产生足够信任。

此时，一个真正负责任的领导者在得知此事后首先会从自身寻找原因，考虑代理制度是否存在问题，平时的代理培训是否需要改进，然后着手解决此事，减少事件给团队带来的损失。

一个虽然负责但不是自愿负责任的领导者，在得知这件事情时，首先会将所有责任都划分给两个争夺客户资源的代理，然后进行处罚。也许还会试图将此事隐瞒下来，不让更多的人知道。直到事情在企业中曝光，他人开始质疑微商团队制度是否存在问题时，领导者才被迫站出来，承担相应的责任。

积极解决：领导者愿意主动承担责任是正确的表现，但是如果只是承担责任，却不去积极解决问题，也依然不是负责任的领导者。

只负责是没有意义的，如何减少问题对微商团队的损害，避免今后出现类似的事情才是最重要的。如果领导者只是愿意对事情负责，却不去积极解决，这样的负责就没有任何意义，甚至还不如不负责。因为领导者不负责也许会有其他团队成员主动处理这件事情。

◎ **利他**

微商团队领导者和团队成员之间开始合作之后，虽然未来会取得什么样的成绩没有人知道，但是大致的结果只会有3种：

第一，微商团队领导者和团队成员都成为赢家；

第二，微商团队领导者和团队成员都成为输家；

第三，其中一方成为赢家。

从3种可能得到的结果来看，所有人都知道第一种双方都成为赢家的结果是最理想的。但很多微商领导者在实际工作中却总是意识不到这一点，因为他们将自己和团队成员看成是对立关系，认为当团队成员获益时，自己的利益就受到了损失，于是就拼命想要从团队成员那里抢夺利益。

在这样的领导者带领下，团队成员自然不甘心自己应得的利益被抢走，也会采取行动，无数微商团队就是这么走向毁灭的。

微商团队领导者不懂得只有利他才能双赢的道理，注意力一直集中在团队成员所获得的利益上，这样很容易引起矛盾，尤其是在领导者和代理团队之间。微商领导者和代理之间原本就是弱管理关系，代理加入团队的最主要理由就是利益，如果在利益上微商领导者和代理之间发生矛盾，双方的关系就很容易因此破裂，代理团队也将随着关系的破裂而崩塌。

要知道，代理和微商团队关系破裂之后，不但会离开团队，而且还会带走大量的客户，微商企业因此将会受到巨大的打击。

所以，优秀的微商领导者还应该具有利他的素质，愿意在自己获益的同时，让微商团队成员同样可以获益。这样，微商团队才能持久稳定地发展下去。

◎ **有激情**

在这个世界上，任何人做任何事情都可能会遇到失败和挫折，尤其是在微商领域。也许在微商刚兴起时期，依靠移动互联网红利和朋友圈红利，微商企业可以顺风顺水地发展起来。但是在现在这样一个竞争激烈的环境下，微商企业已经很难一帆风顺地发展壮大，期间磕磕碰碰的经历必然是少不了的。

此时，如果微商团队领导者拥有足够的激情，面对失败和挫折始终不动摇，带领团队成员去克服这些困难，沿着既定的路线始终保持前进，就依然还有希望。

一个没有激情的领导者，不可能带出一支充满激情的团队。缺少激情的团队是所有微商企业的噩梦。更重要的是，一个缺乏激情的微商团队是很难在如今的微商市场立足的。

因为一旦微商团队缺少激情，就意味着团队的活跃度低下。团队活跃度低下，粉丝的活跃度也就不可能很高，这对于微商企业来说是一件非常危险的事情。

所以，微商企业的领导者必须拥有足够的激情，同时能够将自己的激情传递给团队成员，让他们利用这种激情去带动粉丝群的热情，提高粉丝群的活跃度。

代理三群管理法

每一个人都知道微商需要代理，当微商代理发展到 5 ~ 10 个之后，就需要将这些代理们组建成代理团队，进行团队化管理。这样有助于微商企业对代理们进行管理和激励。

建立代理团队首先要给团队起一个名字，这需要让团队中所有的代理们都参与进来。因为代理团队是需要大家共同打造的，并且代理们从头到尾参与到团队的建设中，能够让代理们对自己的团队产生归属感，并且有助于良好团队氛围的打造。

微商产品代理不只一层，企业的直属代理还应该发展其他代理。所以微商管理团队同样需要将这些代理拉入团队，进行团队化管理。

建立代理团队非常容易，将相关代理拉入群中，取一个名称团队就建立完成了。但是这样的团队建立起来并没有什么意义，只有对这些团队进行正确的管理，才能够让团队发挥出应有的作用。下面笔者就介绍通过建立三个代理群的方式，正确管理代理团队，这个方法也称作“三群管理法”。

这里需要说明的是，三群管理法并不是说微商代理团队只用建立三个群，而是一种管理结构。这种结构既可以应用在微商企业针对整体代理的管理上，也可以应用在经过团队划分后的小代理团队管理上。

◎ **一群：核心群**

核心群中的成员都是和微商企业关系十分紧密的代理，其中包括稳定合作过很长时间、关系十分融洽的代理；从关系非常好的熟人中发展的代理，如关系较好的朋友、同学、亲戚等。

这些核心代理都和微商企业有着比较密切的关系，因此，代理团队领导者平时在和这些核心代理交流时，除了交流微商工作方面的事情，还应该注意情感方面的交流。

例如，团队领导者遇见了一件非常有意思的事情，这件事情还比较具有话题性，就可以在核心群中分享给其他人；或者领导者发现一家不错的餐厅，也可以分享给大家，因为大多数人都对美食非常感兴趣，并且能够借这个话题开展下线活动，加深情感交流。

上面举的两个例子都是比较常见的，其实同核心代理的情感交流内容没有特定限制，需要根据实际情况来决定。最重要的在于多和核心群中的代理进行非工作方面的交流，也就是情感交流。

通过情感交流，可以逐渐加深团队领导者同核心代理成员之间的情感，最后将他们变成代理中的帮助管理和管理的人员。

核心代理成为代理中帮助管理和管理的人员后，最主要起到两方面作用：

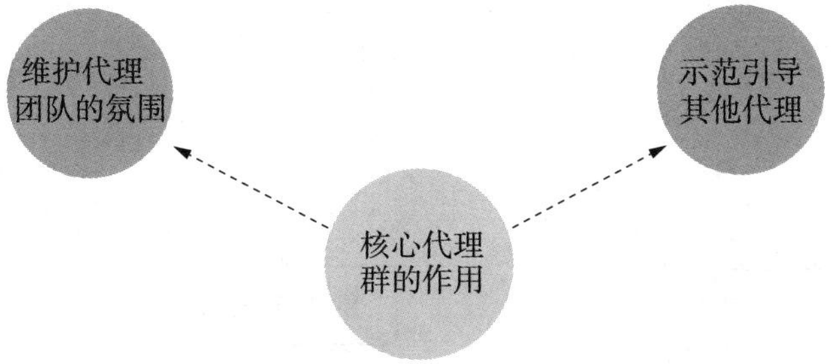

图 6－8　核心代理群的作用

1. 维护代理团队的氛围

没有任何一件事情是一帆风顺的，做微商代理也是如此。有的代理稍微经历挫折就会在代理群中不断抱怨，传播负能量，这会严重影响到其他代理，影响代理团队的整体氛围。此时微商团队管理人员虽然也可以直接出面进行安抚干涉，但效果很难保证。因为当个别代理进行抱怨传播负能量时，很容易带动其他代理对微商管理团队产生对立情绪。

在这种情况下，核心代理就更加适合承担安抚代理群成员、维持团队和谐氛围的任务，代理也更容易接受他们的安抚。

2. 示范引导其他代理

当微商企业推出一款新产品或者一种新模式后，一些代理因为觉得前景并不明朗，所以采取暂时观望的态度。此时核心代理就可以出来进行示范，打消那些持观望态度的代理们心中的疑虑，引导他们积极响应号召，尝试新产品或者新模式。

◎ 二群：直属群

直属群，顾名思义，就是微商企业的直属代理，其中也包含了核心代理。

直属代理们的业绩高低会直接影响到微商企业盈利，所以微商企业对直属代理要进行恰当的管理。不过因为每个人的精力都是有限的，对直属代理群的管理不可能做到面面俱到，所以管理工作主要体现在两个方面。

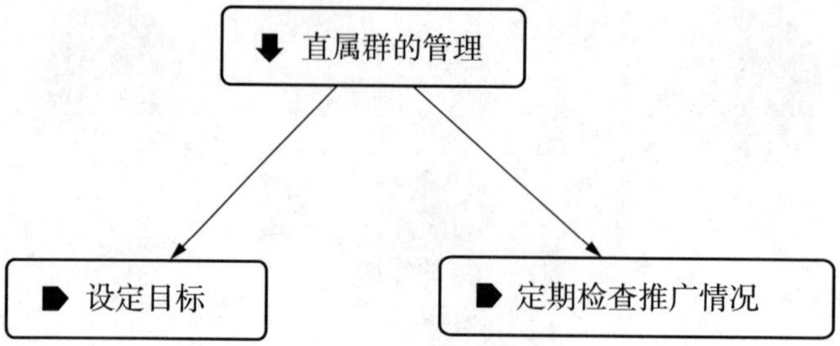

图6－9　直属群的管理

1. 设定目标

在管理代理团队的工作中，设定目标必不可少。领导者可以在团队大目标的基础上进行细分，给每个代理都设定阶段性目标。

设定完阶段性目标并不代表着目标管理工作就完成了，目标虽然可以调动代理们的积极性，但是这种积极性能维持多久，就因人而异了。所以在设定完阶段性目标之后，领导者还要定期督促代理，让他们时刻将阶段性目标牢记在心中，保持工作积极性。

2. 定期检查推广情况

微商企业要安排专人去定期检查直属代理们的产品推广工作，如检查朋友圈推广、微博推广等，了解他们的工作进展如何。检查周期可以是一周一次，也可以是两周一次，要根据实际情况来决定。

如果在检查过程中发现了问题，应该及时和代理们进行沟通，给出解决建议，帮助代理们解决现有的问题。

以上就是管理直属代理群需要注意的两方面工作。不过在这个基础上，领导者还需要明确一件事情：自己既是直属代理们的领导者，又是他们的亲密朋友。当监督代理们工作，告诉他们应该如何做微商时，自己是代理们的领导者；而当和代理们聊工作以外的话题，或者代理们将自己当作他们的“情绪垃圾桶”时，自己则是他们亲密的朋友。

这里需要特别说明的是，很多直属代理的领导者虽然在工作能力上是足够的，但是在和代理们交朋友方面却做得非常一般。

例如，一部分领导者工作能力较强，但是在情商方面却有所欠缺，很难和代理们建立除工作以外的关系，这些领导者就不适合去负责直属代理群的管理。现在很多微商企业只注重代理领导者的工作能力，忽视了他们情感交流的能力，这就是一种错误的做法。

要知道，想要管理好代理团队，绝不是仅凭出色的工作能力就可以做到的，还需要有和代理们进行情感交流，成为亲密朋友的能力，二者缺一不可。

◎ 三群：普通群

普通群中的成员除了核心代理和直属代理，还包括微商团队中最普通的基层代理。通常普通群的成员数量都比较多，此时领导者已经很难关心照顾到群内的所有代理，所以管理普通群的主要方式有两种：组织培训和制度管理。

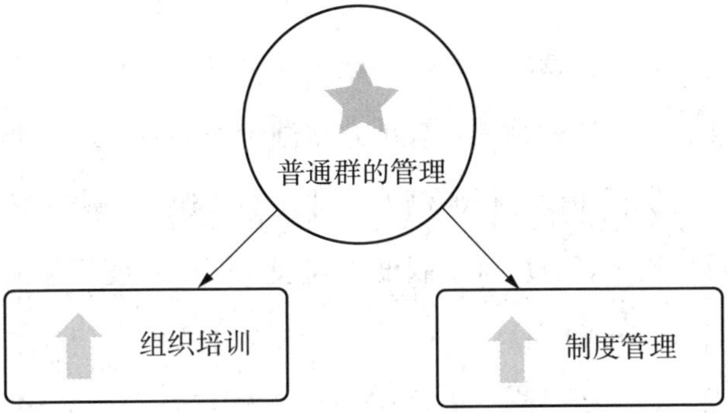

图 6－10　普通群的管理

1. 组织培训

通常微商代理的普通群人数都比较多，领导者想要对代理们一一进行工作指导比较困难，此时培训就显得尤为重要。

恰当的培训不但可以提高代理的专业水平，还能提高代理团队的活跃度，增加代理们对工作的积极性和信心。

如果在普通群的日常管理中缺少了培训这一项内容，随着时间的推移，一部分业绩不佳的代理就会对微商团队失去信心，同时因为没有感受到来自微商团队足够的支持，继而对工作失去积极性，最终选择放弃。

毫无疑问，这种情况是每个微商企业都不愿意看到的，因为缺少一个代理就意味着自己的产品少了一条销售渠道。

2. 制度管理

面对人数众多的代理，偏感情的沟通和管理方式并不适用，即使用了效果也很难有保证，因此，领导者就需要按照制度来对普通群进行管理。

在核心群和直属群中都强调感情沟通，在管理上也偏向运用感情去管理，不过单纯依靠感情去管理显然是不可行的，因此在核心群和直属群当中同时也需要制度的存在。而在普通群中代理人数众多，存在的问题也会相应地变多，这就更需要运用制度去进行管理。例如，有代理会在群中发布广告，有代理会在群中发布一些不恰当的信息，这些行为是企业所不想看到的，需要制止的，这时就是让制度发挥作用的时候。

这里需要特别说明的是，一旦确定将制度作为管理的主要手段，就必须严格按照制度执行，没有任何例外。即使在普通群当中有核心代理或者直属代理违反了规定，也应该按制度去处理，否则制度将会失去对代理们的约束作用。

正确激励代理团队

◎ 激励能够激发团队成员的工作动力

约束制度使团队成员出现违规行为时，有了处罚的依据，但是这并不代表团队成员就会心甘情愿地接受惩罚。并且一味地使用制度去管理，随着使用次数的增加，制度对团队成员的威慑力和约束力都会不断下降，团队成员还会因此和领导者产生对抗心理，不服从团队领导者的管理，尤其是在微商这种弱管理的团队当中。

所以只是用约束制度去管理团队虽然是必要的，但是必须要和其他方式配合使用。真正能够激发团队成员的工作动力，让团队成员心甘情愿地接受领导者管理还需要激励制度来实现。

多数人一提到微商团队激励制度，就会想要从物质方面和精神方面双管齐下，这样的激励才最有效果。道理确实如此，但是微商领导者要想制定出一套合理又完善的激励制度，并不是一件容易的事情。下面我们分别从物质激励和精神激励两个方面来讲述微商企业如何建立激励制度。

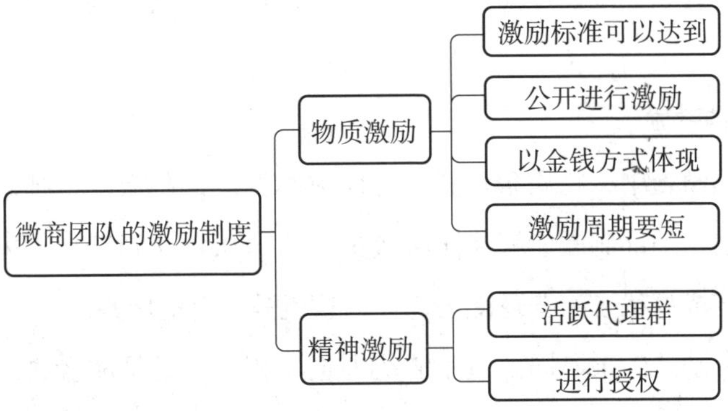

图 6－11　微商团队的激励制度

1. 物质激励

在物质激励制度的构建中，公平是必须放在首位的。一个物质奖励制度如果不能体现出公平性，只会起到适得其反的效果。

当然，公平永远是相对的，物质激励制度不可能做到绝对的公平。微商团队领导者要做的就是尽可能地保证制度的公平性，这就要求领导者应该一视同仁地对待每一位团队成员。

除公平之外，在进行物质激励时，还需要考虑以下 4 个因素：

第一，得到物质激励的标准要切合实际，保证团队成员通过努力可以达到。如果制度是不切实际无法达到的，激励制度本身也就失去了意义。

第二，无论团队中哪一位成员获得了物质激励，都应该公开进行。公开的做法不但对获奖者本人是一种激励，对团队中其他成员同样也是一种激励。

第三，微商团队和其他团队相比有其特殊性，代理们加入微商团队更看重的是利益，所以物质奖励通常可以金钱的方式体现。如推荐返利（平级直推可以拿到不同返利）；业绩分红（微商团队制定出阶梯式分红奖励，根据代理拿货数量的多少进行分红），等等。这些返利分红制度不但能够激励微商代理，还能够有效防止代理越级、串货等违规行为的发生。

第四，物质激励制度应以短周期为主，过长的激励周期会让激励效果大打折扣。

2. 精神激励

在管理学当中，物质激励更多时候被称作外部刺激，精神激励则被称作内在激励。外部刺激能够让团队成员的状态从负面到普通，内在激励则可以让团队成员状态由普通变为优秀，这就是两者的区别。

两种激励的效果不同，适用的范围也不相同，但是两者之间起着相辅相成的作用，缺一不可。根据马斯洛需求层次理论，人只有满足了基础生理需求和安全需求后，才能追求更高层次的精神需求，所以，在制定物质激励制度后，接下来就需要制定精神激励制度。

第一，活跃代理群。

每个微商团队都有自己的代理群，代理群的活跃度在很大程度上反映出了团队整体氛围如何。没有一个积极活跃的团队氛围，精神激励也就无从谈起，所以精神激励首先要从活跃代理群开始。

活跃代理群的方式有很多，最常见的包括组织活动、玩游戏、讲课、发红包等，都有不错的效果。活跃方式的选择和频率的选择，都需要根据团队具体情况来确定。

第二，进行授权。

责任感是精神激励的一种重要方式，有效授权就是一种赋予团队成员责任感的非常有效的方式。

无论微商领导者多有能力，也不可能完全承担所有事情。也许一个微商领导者可以管理手下几十个代理，但是随着团队的扩张，代理数量会不断增加，可能是上百甚至上千个，这时领导者必然会因为精力不够而无法照顾到，此时将权力分配给一部分核心代理就是好的选择。

授权给一部分核心代理能够赋予这些代理责任感，激励他们在团队中积极发挥自己的作用，同时也就让团队管理变得更加高效，加快团队扩张的速度。

微商团队缺乏凝聚力的原因

企业通过一种商业模式获得成功，需要商业模式足够优秀，同时也需要企业团队是优秀的，两者缺一不可。

实体微商的商业模式经过无数企业的尝试，已经充分被证明是可行的，也是优秀的。所以当实体微商企业的发展出现了瓶颈，很多时候，原因都出现在团队身上。其中对团队影响最大的原因之一就是缺乏凝聚力，这个问题也是让众多微商团队领导者头疼不已的问题。

微商的裂变模式需要发展众多的代理，一个微商团队的规模大小也是从代理人数多少体现出来。因此，随着微商团队的发展，团队中代理的数量也在不断增加。

这些代理之间通常相互不认识，只是为了利益才走在了一起。由这样一群人为主体的团队，如果不采取有针对性的措施，很明显，团队是没有战斗力的，这样的队伍也是很难长久维持的。

也许在团队建立初期，各代理成员之间的利益纠葛相对较少，所以团队还能维持下去。但是随着团队的发展，代理成员之间的利益纠葛不可避免地会逐渐增多，此时团队就很容易因此变得四分五裂。追根究底，造成这种情况的原因是团队本身缺乏凝聚力，成员完全没有团队意识。

为了了解有关微商团队缺乏凝聚力的问题，笔者曾经进入过数十个微商团队中去分析和记录，最后发现造成团队缺乏凝聚力的主要原因有4个：

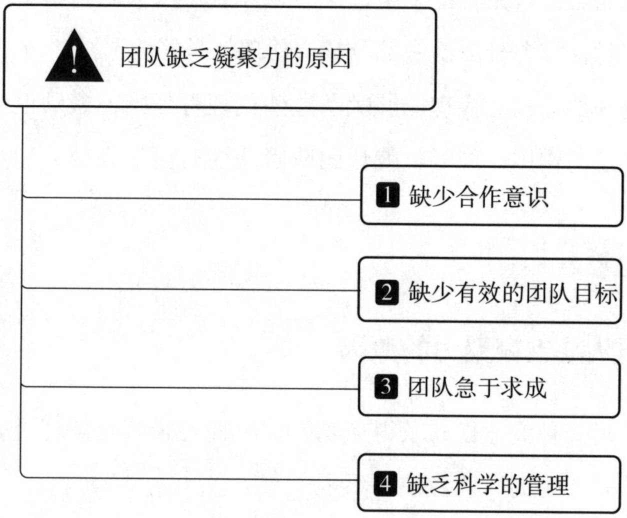

图6－12　团队缺乏凝聚力的原因

1. 缺少合作意识

微商最早出现时，多数参与者都是单兵作战，自由进行发挥。不过随着微商行业逐渐发展成熟，单打独斗已经很难生存，于是就出现了微商团队。

很多参与者虽然加入了微商团队，但是缺少合作意识，依然习惯独自行动，以个人力量带动销售，完全忽视团队的力量。

2. 缺少有效的团队目标

每一个微商团队都会设定自己的目标，但并不是所有设定的目标都是有效的。一部分团队简单地以为选择一个数字作为年度销售目标，这个目标就会自动成为团队目标。其实这样的目标是毫无意义的，也就是无效的。

没有有效目标，团队成员也就没有了动力，这样的团队自然没有凝聚力。

要想让微商团队拥有凝聚力，必须要让团队成员有一个共同的目标。否则团队成员各自奋斗的目标不同，前进的方式和方向也就会有所不同，团队凝聚力也就无从谈起。

在一部分微商的眼中，团队目标就是希望团队完成的业绩，分解目标就是将这个期望业绩平均分配到单位时间段里。其实团队目标设定是一项非常复杂的工作，绝非简单地设定一个团队期望业绩。

每个人行动都需要有一个驱动力，目标就是这个驱动力，通过设置目标，可以充分激发代理们的积极性，让代理们对微商团队的前景充满信心。当然，目标的设置要合理，让代理们感觉是在可实现的范围内，并且目标还要有切实的计划，而非天马行空。

一个微商团队过去一年平均月销售额是 1000 万元，将月销售 1500 万元或者 2000 万元设为未来一年的目标都是合理的；但如果在团队没有大调整的前提下，将目标设定为 1 亿元那就是天马行空了，完全不切合实际。

那么应该如何制定一个正确的、有助于微商团队凝聚力建设的目标呢？这就需要用到著名管理学家彼得·德鲁克的 SMART 法则：①目标要足够具体；②目标必须是可以衡量的；③目标要是可以达到的；④设定的目标和其他目标有一定的关联性；⑤目标需要有明确的截止时间。

微商团队目标的设定也需要遵循德鲁克的 SMART 法则，一个目标只有符合这五项要求，才是一个正确的、有价值的团队目标，也才能起到提高团队凝聚力的作用。

3. 团队急于求成

一些微商领导者看到周围人做微商赚了钱，就仓促地成立了自己的微商团队，希望短时间内就赚钱。在团队领导者思想的引导下，微商团队成员也急切地想要试水，整个团队都将陷入一种急躁的情绪当中。于是团队在很多准备工作都没有做好的情况下，就贸然进入市场。这样贸然进入的结果自然是可以想象的，我们也很容易想象团队在受到打击之后成员的反应。一次打击就足以将这样的团队摧毁，让团队中人心涣散，毫无凝聚力可言。

4. 缺乏科学的管理

一些微商通过自己的努力取得了不错的成绩，短时间里发展了数量可观的代理。但是这些微商擅长的是销售和发展代理，完全不懂得团队管理，于是放任团队自由发展。

当团队规模较小时影响可能还不明显，随着团队规模的扩大，内部问题也就越来越多，这样的团队很难让成员之间产生凝聚力。

如何增强团队的凝聚力

一个团队的建设离不开凝聚力的支持，同时团队的发展也离不开凝聚力的帮助，所以我们可以将团队凝聚力看作基础，团队所取得的一切成就都是建立在这个基础上的。

和普通企业团队不同，微商团队成员很多都分布在天南海北，团队成员之间有可能都没有见过面，甚至一些团队成员连团队领导都没有见过，这就让团队凝聚力的打造变得非常困难，同时也让微商团队的凝聚力打造变得更加重要。

因此，微商企业要想打造一支足够强大和优秀的微商团队，就必须考虑如何增强团队凝聚力。当一个微商团队中所有人的步伐一致、目的一致的时候，这个微商团队就已经有了强大和优秀的基础，即使一个弱小的个体加入这样的团队，也会逐渐变得强大起来。

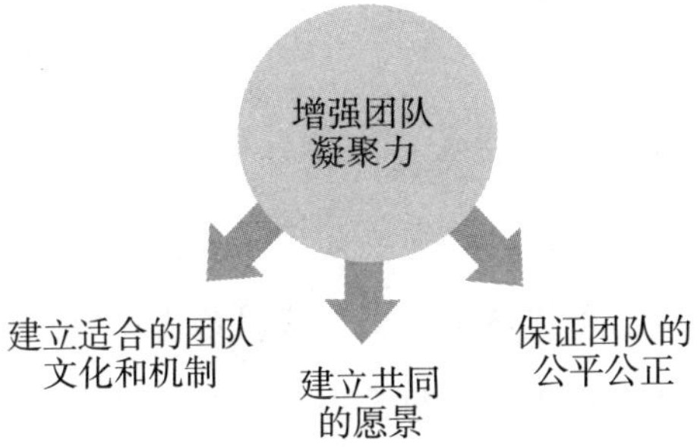

图 6－13　增强团队凝聚力

1. 建立适合的团队文化和机制

任何一支出色的微商团队都离不开优秀的团队文化支持。不同微商团队适合的文化各有不同，但是其中有一部分内容是可以通用的。例如，团队成员应该学会感恩，学会包容他人，和他人进行分享；又如个人的力量终究是有限的，只有得到团队力量的支持，个人才能持续发展下去。

2. 建立共同的愿景

共同愿景是微商团队所有成员个人愿望的集合，是团队成员共同对未来的美好期待。要想提高微商团队凝聚力，共同愿景是必不可少的。

团队共同愿景由三个要素组成，这三个要素分别是目标、价值观和使命感。

目标指的就是团队的共同目标，我们可以将它看成是灯塔，为团队照亮前程，指明前进的方向。

价值观是团队的指南针，同时也是团队行动的指南，引导团队沿着正确的路线前进，不会出现偏差。

使命感对团队起到聚焦作用，团队成员只有明确了自己的使命，才能够将所有的力量集合起来，这也是团队前进的最大动力所在。

3. 保证团队的公平公正

在微商团队当中，不同成员之间相互了解较少，很可能完全不认识，并且还有利益交集，因此，冲突是在所难免的。如果团队成员之间的冲突处理得当，就不会影响到团队凝聚力，而在处理冲突的过程中，最为关键的就是保证公平公正。

当团队中两位成员发生冲突时，领导者需要及时介入进行调解处理。不过在调解处理之前，领导者必须要知道，虽然冲突只是两位团队成员之间的事情，但是处理结果却是所有团队成员都会关注的，并且处理结果很可能会影响成员对微商团队整体的看法。

因此微商团队领导者必须保证成员之间的矛盾调解必须公平和公正，从而创造一个和谐的团队氛围，这非常有助于团队凝聚力的建设。

6.3 微商代理常见问题的解决

问题 1：遇到挫折就想放弃

新人代理经常会在初入团队时豪情万丈、信心满满，对未来充满了希望，然而现实总是和想象的有些不一样。

很多新人在入行之前对微商的印象就是天天在家里拿着手机就可以轻松赚大钱，然而入行之后才发现事实并非如此。微商代理的工作非常繁忙，一点儿都不轻松，并且在成为代理的初期，收益可能并没有自己想象的那么多。这种情况其实对于那些刚入行的新人来说是很正常的事情，不过并不是所有微商新人都能够认识到这一点。

一部分代理在发现微商现实和自己的想象有较大差距时，就开始四处抱怨，传播负能量，对微商工作的积极性也大大降低，直到最后黯然退出。

对于被这类问题困扰的代理，领导者要做的就是多给予这些新人一些关注，及时和他们进行沟通，在恰当的时候提供支持，帮助他们度过最艰难的时期。

◎ 利用意见领袖带动团队前进

不止一次有学员问笔者：代理团队整体氛围不好，活跃度较低，代理们的工作积极性也较低，无论采用什么方式去刺激代理团队，效果都不怎么明显。面对这种情况该如何改善？

对于这一类问题笔者通常给出的答案是：在核心群众寻找一个有较大影响力的意见领袖，通过意见领袖来带动团队其他成员，活跃团队气氛，当团队整体氛围得到改善之后，代理们的工作积极性自然也就有了。

原因很简单，当一个代理团队中没有一个较为活跃的意见领袖带领时，团队成员就很容易对代理团队失去兴趣，只将团队看作工作需要才成立的，也只在工作需要时才在团队中发言。长此以往，代理团队的活跃度自然会越来越低。在这样的一个团队中工作，缺少工作积极性也就是很容易理解的了。

这时，有一个比较有影响力和话语权的意见领袖站出来，用自己的影响力在团队中组织各种活动，引导其他代理在团队中积极发言，情况就会得到明显改善。

这里需要区分清楚团队领导者和意见领袖的区别。领导者是手中拥有权力的人，但不一定是在团队成员中最具有话语权、影响力的人，意见领袖才是这样的人。因为身份的不同，很多时候领导者在代理团队中充当意见领袖的角色效果并不明显，因此不建议领导者自己充当意见领袖去带动团队。

问题2：业绩增长速度太慢

很多微商在刚成为代理时，都是先从自己身边熟悉的人开始做起，因此销售业绩还不错。但是当做了一段时间之后，周围熟悉的人都已经开发得差不多了，此时就会遇到增长瓶颈。

这些代理大都对微商一知半解，只知道先将身边熟悉的人转化为客户，却不知道如何获得粉丝、如何转化粉丝。当处于这种状态一段时间之后，就开始陷入迷茫，对微商的信心开始下降，甚至怀疑自己是否真正适合做微商。

这种问题是很多代理都会遇到的，如果不能解决这个问题，不但会对代理造成严重影响，对整个团队的气氛都会造成影响，降低团队的士气。

当领导者发现团队中有代理出现这种情况时，就代表着自己的培训体系出现了问题。因为大多出现这种问题的代理都是因为没有得到恰当的培训。对于这些代理，领导者首先要重点培训如何吸粉，如何将粉丝转化为客户或者代理，帮助他们突破面临的瓶颈。

◎ 加强学习

这里的学习指的并不是相关业务知识的学习，而是团队战略目标的学习、团队文化建设的学习、团队执行力的学习等内容，这些学习内容都有助于微商团队凝聚力的形成。

在微商这样一个发展迅速同时变化也迅速的行业中，要想适应环境的变化，组织代理们学习就是必不可少的，同时多学习也是提高代理对企业、对产品的信心，以及提高团队活跃度的一种有效方式。

这里的学习并不单指给代理们进行培训。培训自然是必要的，但这只是让代理学习的一部分。想要管理好一个代理团队，不但要有一套完善的培训体系，还要给代理们提供一个交流、分享的学习平台，让代理之间去相互沟通，总结经验。

例如，定期举行案例分析会，让代理们提供一些比较有特点的案例，以供团队成员分析交流。案例可以是成功的，也可以是失败的，成功的案例可以让其他代理学习成功经验，失败的案例则可以让其他代理一起来分析原因，当再有人遇到类似情况时，就可以直接拿下。

这不但有助于代理们提高自己的专业能力，还可以促进代理之间的关系，让团队气氛变得更为融洽和谐。

问题3：代理频频跳槽

相信很多微商企业都有过这样的经历：辛辛苦苦将一个代理新人培训成代理老鸟，但是就在“收获的季节”即将到来时，代理却跳槽到别家，成为其他品牌的代理，自己之前的培训为别人做了嫁衣。

这种情况是微商企业最不愿意见到的，一旦发生这种情况，不但会影响企业业绩，还会影响其他代理对微商企业的信心。

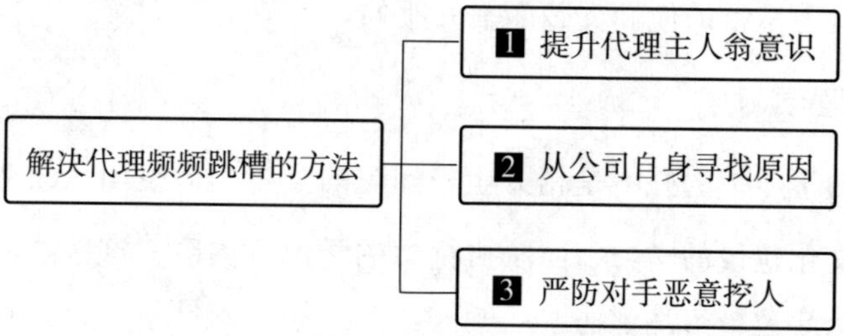

图6－14　解决代理频频跳槽的方法

1. 提升代理们的主人翁意识

人的本性就是自私的，这无法改变，每个人对自己的事情都更为关心。因此，领导者要想让代理对工作上的事情更为尽心，就要提高代理在团队中的主人翁意识，将团队事情当成自己的事情来做。

能够提升代理们在团队中主人翁意识的方法有很多，如：

第一，让所有代理都参与到团队规则制定上；

第二，领导者不要将代理看成自己的下属，而是看成自己的合作伙伴。

领导者在代理们面前要多用“我们”，尽量少用“公司和你”将代理和公司拆分开的词语。虽然大多数人都没有注意过语言细节的影响，但是语言细节确实能够潜移默化地影响一个人。

2. 从公司自身寻找原因

如今微商行业竞争激烈，因此代理对微商企业的忠诚度也越来越低。如果企业的产品不好卖，或者其他品牌对代理伸出橄榄枝，承诺给更优惠的条件，代理自然就会投奔其他品牌，甚至有时会同时损失数个代理。

造成这种情况的原因有很多，如微商企业制度或者产品存在问题，代理们赚不到钱。或者企业本身对代理们不具有吸引力，无法让代理们建立足够的忠诚度。这样一来，离开就很容易理解。如果是这种情况，微商企业只能先从自身寻找原因。

3. 严防对手恶意挖人

还有一种情况是有其他品牌或者竞争对手品牌前来恶意挖代理，这种情况往往会对微商企业造成巨大的损害，这也是我们重点要预防的。

这些恶意挖代理的人通常以代理的身份进入代理团队，然后想尽办法进入核心代理群，联系群中的核心代理，通过给予好处或者承诺给出更优条件的方式挖走代理。对于这种恶意挖代理的方式虽然微商企业很难完全杜绝，但是可以通过建立相应的制度将事情发生的概率降到最低。

例如，对核心代理群和直属代理群建立严格的进入审查制度，在代理群中建立举报制度，并给举报者一定的奖励，发现代理团队中有其他品牌安排的代理立刻清除出去，等等。

问题 4：代理团队内耗严重

很多企业不怕竞争对手强大，就怕自己内部出现问题，微商企业也是如此。特别是在代理规模较大，人数众多时，代理之间很容易因为利益问题发生矛盾。如果领导者没有及时处理好这些问题，只采取“息事宁人”的态度，问题就很可能会激化，甚至在团队内部出现派系斗争。

这种问题是任何一个微商企业都非常头疼的，因此，代理领导者必须提前做好准备，防止这种情况的发生。

例如，时刻注意观察代理们的动态，发现代理之间出现问题及时介入，详细了解问题之后进行调解，对于一些故意制造矛盾的代理要严格处理，必要时也可以直接将其清理出代理队伍，防止其继续影响其他代理。

◎ 微商团队代理出现问题必须及时解决

大多数微商代理之间都是陌生人，在现实生活中没有任何交集。但是为了利益，这群身居天南海北的陌生人聚集在了一起。所以，一旦在利益分配上出现了问题，团队就会出现各种各样的问题。

如今微商是一个非常热门的行业，竞争激烈、行业变化迅速是它的特点，一个代理也许今天在你的代理团队中，但如果在团队中出现了问题，并且没有得到及时解决，那么很可能明天这个代理就会成为其他企业的代理。

因此，代理团队的领导者要对问题足够重视，发现问题及时解决，防止团队因此受到损失。

第 7 章

CHAPTER 7

决战新零售：实体微商的未来方向

7.1 突然崛起的新零售

从零售行业的四次变革谈起

2016 年 10 月 13 日，阿里云栖大会在浙江杭州召开，马云在这次大会上说："纯电商时代很快会结束，未来的 10 年、20 年，没有电子商务这一说，只有新零售，也就是说线上线下和物流必须结合在一起，才能诞生真正的新零售。"

这是新零售第一次被大众所知晓。在这之后的一年中，"新零售"成为最热门的词汇。

那么新零售究竟是什么呢？在谈论新零售之前，我们首先从零售业的变革历史开始说起。

事实上，在新零售出现之前，零售行业已经进行了三次变革。新零售，正是零售行业所发生的第四次变革。

◎ 第一次变革：自由超市

1916 年，一家名为 Piggly Wiggly 的自助商店在美国田纳西州开业，这家自助型商店就是现代超级市场的雏形。Piggly Wiggly 的出现改变了传统零售业消费的模式，消费者不再需要隔着柜台与售货员交流沟通，而是可

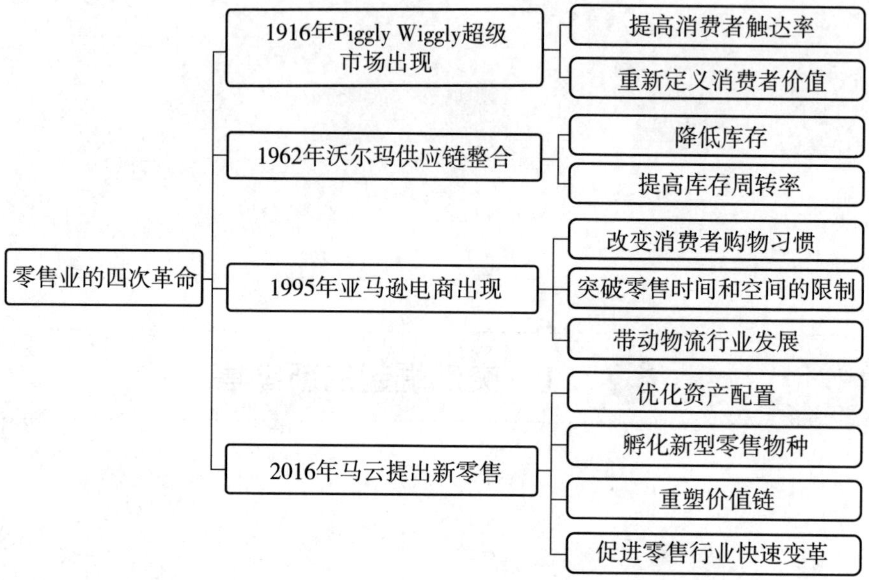

图 7－1　零售业的四次革命

以直接自由接触到商品。从此以后，这种模式便风靡全球，受到全世界各国消费者的喜爱。Piggly Wiggly 也借助这次零售模式的变革一举成为零售业巨头，短时间内就开设了 600 多家分店。

Piggly Wiggly 对零售模式的改变方便了消费者，大大提高了消费者对商品的触达率，也重新定义了消费者的价值，所以 Piggly Wiggly 对零售模式的改变被公认为是零售业的第一次变革。

◎ 第二次变革：供应链整合

1962 年，传奇人物山姆·沃尔顿在美国阿肯色州成立了沃尔玛百货公司，以“帮顾客节省每一分钱”的宗旨，很快赢得了消费者的青睐。为了能够让消费者可以在最短的时间内购买到所需要的全部商品，沃尔玛开始对零售业的供应链体系进行整合。

早在 20 世纪 80 年代，沃尔玛就已经建立起了统一的商品信息管理系统，也就是我们现在熟知的 EDI 系统。沃尔玛使用这套系统和供应商进行联动，调整各个门店的采购计划，并且使用电子系统和供应商进行结算。

沃尔玛的这种做法让自己的库存周转率得到了有效提高，同时还降低了库存，让自己具备了其他零售企业所不具备的优势。因此沃尔玛成为零售业巨头。沃尔玛对供应链进行整合所产生的全新零售模式就被称作是零售业的第二次变革。

◎ 第三次变革：电商崛起

1995年，亚马逊在美国成立；2003年阿里巴巴的淘宝在中国成立；2004年京东商城成立……这些企业在成立初期很多人并不看好，但是如今它们都已经成为电商业的巨头。它们的出现也代表着零售业第三次变革的到来：电商变革。

电商对零售业产生的影响笔者已经不用多说，因为我们都是这种影响的见证者和受益者。电商的出现改变了消费者的购物习惯，突破了时间和空间的限制，同时也带动了物流行业的发展，毫无疑问，电商的崛起就是零售业的第三次变革。

◎ 第四次变革：新零售

零售业第四次变革打响的标志，就是马云在云栖大会上的发言。将线上、线下、物流打通的新零售，正式进入了人们的视野。

事实上，第四次变革的出现正是依靠着电商多年打下的基础。

电商在经过10多年的高速发展之后，如今已经深入到我们每一个人的生活当中，商家通过电商已经积累了相当庞大的消费者数据，对消费者的行为有深入的了解，这些都为新零售的线下实体门店和物流的发展提供了帮助。通过大数据零售企业能够准确地知道不同区域消费者的消费能力、商品喜好、购物偏好等信息，帮助零售企业进行库存优化。

从某种角度来看，新零售模式是电商发展的一种必然趋势，甚至我们可以将过去10年电商的迅猛发展看作是为新零售铺路。

同时，新零售的变革又区别于以往的任何一次零售变革。因为新零售通过将数据和商业逻辑深度结合在了一起，实现了过去传统零售无法实现的消费方逆向牵引生产变革。

我们可以将数据看作是一对翅膀：当传统零售业借助这对翅膀时，就可以优化资产配置，孵化新型零售物种，重塑价值链，促进中国零售行业快速变革。

新零售的基本定义、特征和知识框架

那么究竟什么是新零售呢？

阿里研究院的《新零售研究报告》是阿里巴巴对新零售的官方解释，也是目前最全面、最权威的新零售解释。所以，我们就从这篇报告开始，揭开新零售的神秘面纱。

2017 年 3 月，在阿里研究院《新零售研究报告》中，对新零售给出了以下定义：以消费者体验为中心的数据驱动的泛零售形态。

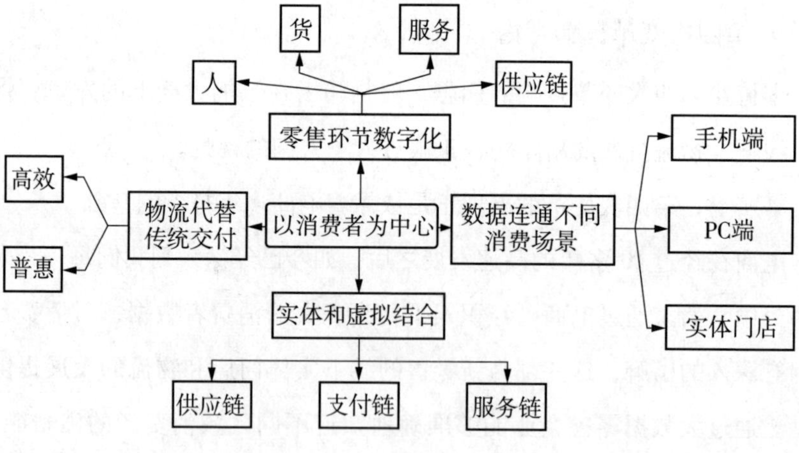

图 7-2　新零售的定义

其核心价值是“将最大限度地提升全社会流通零售业的运转效率”。

具体来说，新零售就是以消费者为中心，对零售模式中的人、货、服务、供应链等环节进行数字化，通过数据连通不同消费场景（如手机端、PC 端、实体门店等），利用数字化技术将实体和虚拟零售供应链、支付链、服务链相结合，让消费者享受全渠道覆盖无缝对接的综合购物体验，物流配送将会代替传统实体交付高效、普惠的零售模式。

同时，阿里研究院副院长杨健还表示："新零售核心是重构，产生全新的商业业态，不是简单现有的零售场景和业态的相加。"

虽然"新零售"一词在 2016 年才被大众知晓，但实际上有关新零售布局阿里巴巴早已经开始。例如，早在几年前阿里巴巴就开始入股三江购物、苏宁等零售企业，2016 年又推出了盒马鲜生、零售通等具有明显新零售影子的实体店铺，再结合 2017 年 7 月才出现的"淘咖啡"，这些都证明了马云的新零售绝不是近期才想出来的，这个构想已经有了很长时间。

素型生活：阿里的新零售体验店

马云在 2016 年 10 月 14 日向大众提出了"新零售"的概念，阿里巴巴在这方面自然大有动作。就在马云提出新零售一个月之后的 11 月 28 日，阿里巴巴和素型生活合作打造的"新零售"体验店正式开始运营，正式吹响了新零售的集结号。

在这家"新零售"体验店中一共有 46 个品牌，其中绝大部分品牌过去都是只能通过网络渠道购买的淘宝品牌。这家实体店的开设，让顾客可以直接接触商品实物或者是穿戴商品，这弥补了过去顾客在购买这些品牌商品时缺乏实物体验的缺陷，提高了顾客的整体购物体验。

当顾客在实体店内选择好商品之后的，如果不方便立刻带走，还可以选择快递运输，寄到顾客指定的地点。同时对于那些在网上购买商品的顾客，系统会自动根据计算以选择距离最近的实体店进行配送，尽可能缩短顾客等待的时间。

在线上线下相融合方面，这家新零售体验店还做出了突破：店内所有商品线上线下价格统一。店内的每一件商品上都有相应的二维码，顾客在店内想要知道商品的价格只需要扫描二维码，就可以立刻知道该商品在网上的售价，然后以该价格来购买。并且网上进行的各种促销活动，在线下实体店购买都可以参与。

大数据在阿里的新零售体验店中也得到了充分的利用。实体店内商品品牌选择、商品如何陈列、店铺位置挑选等问题都由阿里巴巴的大数据给出答案。在成都体验店开设之前，阿里巴巴就已经对备选地址周围5000米范围内的消费者进行“画像”，清楚了解这些消费者的消费能力、商品需求、品牌喜好、购物习惯等信息，然后根据这些信息来选择入驻实体店的商品种类和品牌，将具有关联性或者联想性的商品成列在一起，带动商品的销量。

大数据可以让实体店知道顾客喜欢什么商品，同样的，它也能够让实体店知道顾客不喜欢什么商品。当商家通过数据发现顾客不喜欢的商品后，就会采取相应的措施，如放入打折区刺激顾客购买。

◎ 新零售的三大特征

新零售有三大特征：以心为本、零售二重性和零售物种大爆发。

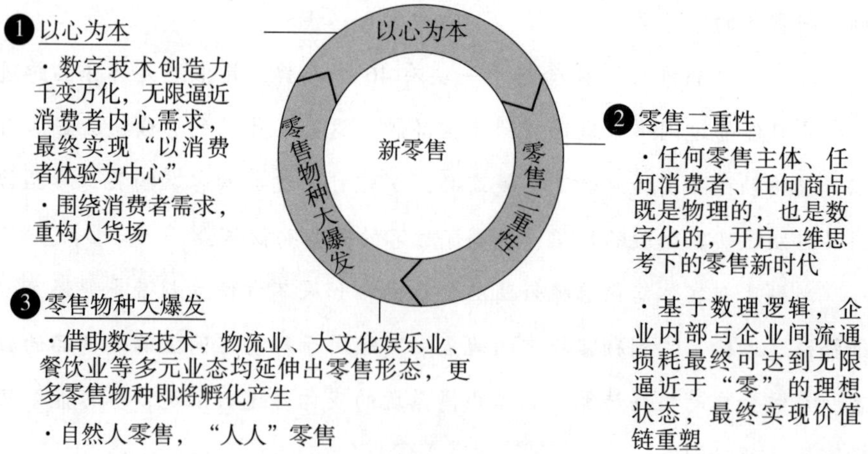

图7-3 新零售的三大特征

资料来源：阿里研究院。

1. 以心为本：掌握数据就是掌握消费者需求

数据技术的创造力千变万化，数据能够帮助我们无限逼近消费者内心需求，最终实现“以消费者体验为中心”，基于数据技术，围绕消费者需求，重构人货场（即“消费者—商品—场景”）。

2. 零售二重性：二维思考下的理想零售

任何零售主体、任何消费者、任何商品既是物理的，也是数据化的，因此需要从二维角度去思考新时代的新零售。同时，基于数理逻辑，企业内部与企业间流通损耗最终可达到无限逼近于“零”的理想状态，最终实现价值链重塑。

3. 零售物种大爆发：孵化多元零售新形态与新物种

借助数据技术，物流业、大文化娱乐业、餐饮业等多元业态均延伸出零售形态，更多零售物种即将孵化产生，其中包括自然人零售，未来有望实现“人人零售”。

大多数非专业人士看到新零售的定义可能还好理解一些，看到新零售的三大特征里出现的一系列名字就彻底蒙了。没关系，要彻底理解新零售和它的特征，我们可以先从搭建新零售知识框架开始。

◎ 新零售知识框架:前台、中台和后台

在阿里研究院的《新零售研究报告》中，除了介绍新零售的基本定义和特征，最为重要的内容就是新零售知识框架的内容。通过知识框架，我们可以详细了解新零售的结构和体系。

新零售的知识框架包含 3 个维度：前台、中台和后台。

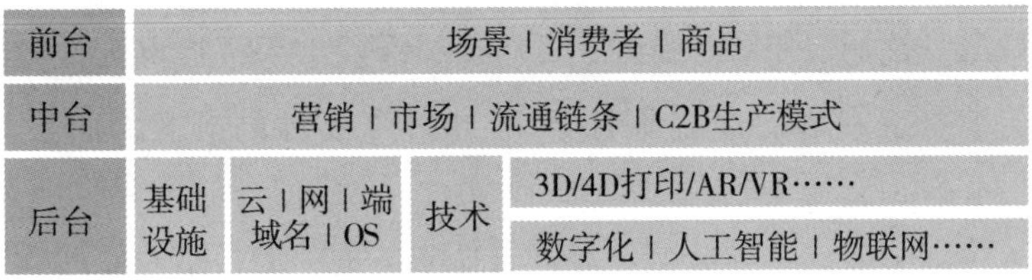

图 7 – 4 新零售知识框架

资料来源：阿里研究院。

1. 前台

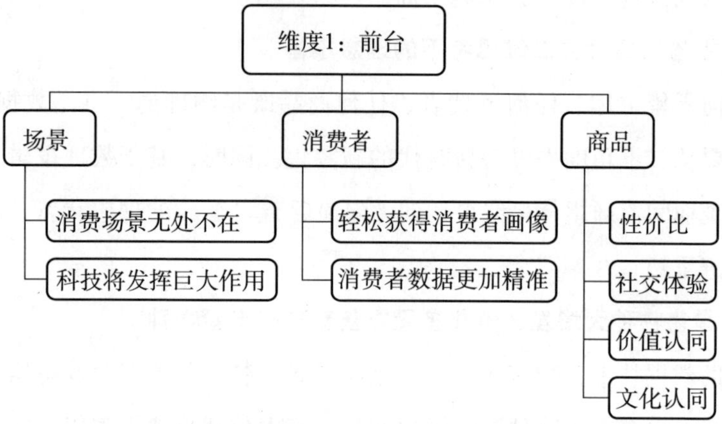

图 7－5　新零售前台

新零售前台有 3 个关键词：场景、消费者和商品，也就是我们俗称的人货场。

场景：新零售让消费变得无处不在。无论是购物中心、大型商场、街边便利店、网上商城、文娱活动、视频直播等，都可以成为消费的场景。在这些消费场景中，移动终端、人工智能、VR 设备都将发挥巨大的作用。

消费者：在传统的零售模式中，虽然企业也会对消费者画像，但是无论从难易程度还是精准程度上，都不尽如人意。而在数据技术的支持下，零售企业很容易就可以对消费者进行画像，并且画像精度非常高。例如，消费者姓名、性别、年龄、爱好、工作、经济能力等都可以进行画像。通过画像，消费者在零售企业眼中不再是一个模糊的概念，而是精准的数据。

商品：新零售模式还将会带来新的消费诉求。在过去，消费者对商品的诉求主要包括价格、性价比和使用诉求。在未来，消费者的诉求不仅只关心商品的价格和使用，更关心商品个性化专业功能，以及在商品背后的社交体验、价值认同、文化认同以及参与感等。同时消费者也开始追求无缝对接的不同场景、符合自己心意的个性化服务、更加便捷方便的体验和交付方式。

2. 中台

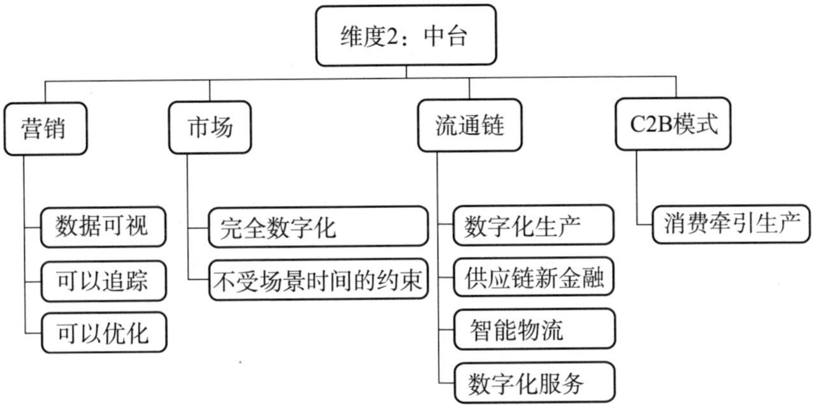

图7－6　新零售中台

新零售的中台，则由营销、市场、流通链和C2B模式构成。

营销：在传统零售模式下，消费者数据不够完全，可见度低，也很难持续使用，并且营销渠道不够全面。新零售利用数据技术可以获得消费者全面数据，并且数据可视，可以追踪，同时可以被优化。零售企业品牌的传播和运营在数据技术的支持下也可以全方位开展。

市场：未来新市场将会完全数字化，过去受地域和营业时间限制的传统商业逻辑将会被彻底打破。无论两个主体处于什么场景，交易都可以快速完成。

流通链：流通链需要从4方面说起。生产，数字化生产、智能制造；金融，供应链新金融；供应链，智能物流、数字化供应链、电商服务商；门店，数字化服务，商品陈列数字化。

C2B模式：数据技术中将改变传统生产牵引消费的模式，C2B模式将是未来的主流模式，同时C2B模式也让企业变得更加高效。

3. 后台

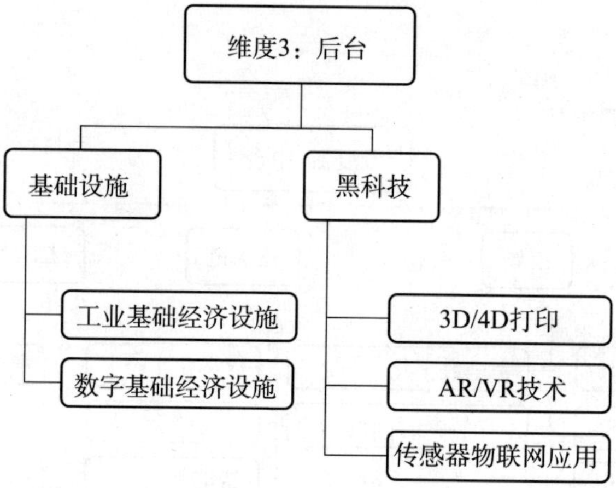

图 7－7　新零售后台

新零售后台简单地说，就是基础设施搭配各种新技术、“黑科技”。

新零售的后台需要工业基础经济设施和数字基础经济设施的配合，再搭配数据技术、人工智能技术以及一系列的“黑科技”：

第一，3D/4D 打印可以改变商品的生产方式；

第二，AR/VR 技术的应用给可以给消费者带来虚实结合的购物体验；

第三，传感器和物联网在实体门店的应用将彻底改变消费者的购物体验，同时也将提高企业的运营效率，减轻企业负重。

◎ 回归本质

现在我们再来看新零售，就会发现，抛开那些酷炫的名词概念，新零售其实并不难理解。如果我们用较为通俗的语言将其本质描述出来，就是从消费者需求出发，通过新技术、新商业模式来满足消费者现有的需求，创造出新需求，然后继续满足这些新需求，从而实现消费者的新消费。

当我们理解了这一点，就会发现其实现在很多零售企业都已经开始了自己的新零售尝试。

小米之家

小米如今已经是一个家喻户晓的品牌，同时也是中国的一个电商奇迹。从 2010 年成立到如今只有 7 年的时间，但是小米在不知不觉中已经成为中国第三大电商。不过显然雷军也意识到了未来零售业的趋势，并且就在马云提出新零售概念的当天，雷军也谈起了新零售。所以雷军不想小米一直走电商路线，而现在不断扩张的小米之家就是雷军对未来新零售的布局。

截至 2016 年底，小米之家一共开设了 51 家实体门店，几乎每一家门店都是所在购物中心中客流较大的实体门店，其坪效可以达到 1000 万美元/年，这一成绩在世界零售企业门店中排名第 2，第一则是苹果零售门店。

小米之家的成功和“小米生态链”计划有着密切的关系。2013 年，雷军公布了“小米生态链”计划，计划用 5 年时间扶持 100 家创业公司，最初是希望在这些创业公司身上复制小米的模式，但实际上如今这些创业公司已经成为小米生态链中的重要一环。

在小米生态链当中，小米之家所承担的角色就是共享平台。我们可以将这个共享平台看作一个放大器，所有加入小米生态链的企业都可以借助小米的品牌、庞大的用户群、自有渠道、投融资支持等资源，在这些资源的帮助下，这些创业公司成功的概率被放大了数倍，并且小米在入资这些公司时从不入股。正是因为这些原因，小米生态链吸引了众多的创业公司。

而对于小米来说，这种模式也为自己带来了不小的收益。

手机是一种重复购买、周期较长的商品，大多数用户手机的更换周期都在 2 年左右，这就意味着如果小米之家只靠销售手机，那么一位顾客可能每隔两年才会进入一次门店，同时小米的推广成本将会大大增加。显然这是小米无法接受的。

实际上在几年前雷军就已经开始思考一个问题：如何提高用户去小米

之家的频率？答案是要有足够丰富的商品品类组合，最好有20~30种商品。这样一来，即使每类商品一年才更新换代一次，小米之家也等于每半月就有一次新产品发布，并且拓宽了品类的宽度，有效地提高了用户进入小米之家的频率。

小米所打造的小米生态链其实就是一个零售业大型生态系统，也让众多零售企业成了利益共同体、命运共同体。

对于过去的传统企业来说，如果运营良好，生命周期可以达到几十年甚至上百年之久。对于当今的互联网企业来说，一夜成名是很有可能的，但一夜垮塌也是有可能的，尤其是对于互联网零售企业。

小米生态链负责人刘德就曾经这样说过，“现代互联网零售企业就像是竹子，一夜春雨就可以成长起来。但单个竹子也存在问题，那就是生命周期短，但竹子成为竹林后是很难死掉的，小米想成为‘竹林’。所以小米通过投资的方式，让小米生态链企业成为小米周边的一片竹林，竹林底下根系蔓延不断，源源不断地培育出竹笋进而长成竹子，实现自我迭代和内部的新陈代谢。竹子们在地下根系相连、互通有无”。

虽然现在从新零售的角度去看雷军的小米之家，还存在一定的欠缺，但是小米之家所采用的模式很明显是雷军对新零售模式的一种尝试。

新零售与传统零售的区别和联系

◎ 新零售与传统零售的区别和联系

阿里研究院对新零售的报告中还提到了新零售与传统零售的区别以及联系，主要包括以下几个方面：

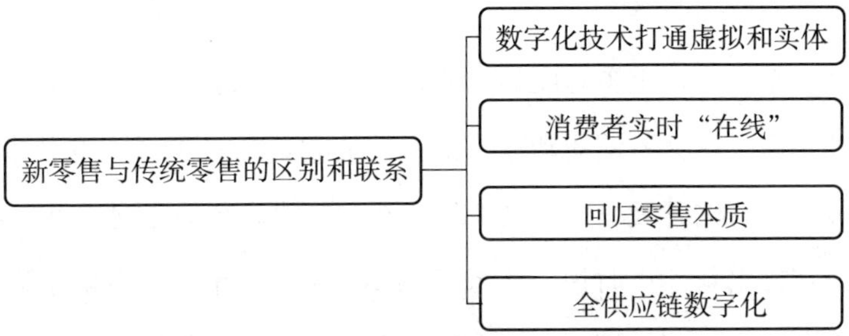

图7-8　新零售和传统零售的区别和联系

(1) 数字化技术打通虚拟与现实各个环节，实现实体与虚拟深度融合，传统零售的人、货、场在物理空间和时间维度上得到最大的延展，消费者不受区域、时段、店面的限制，商品不受内容形式、种类和数量的限制，消费者体验和商品交付形式不受物理形态的制约。

(2) 消费者实时“在线”，品牌商与零售商以消费者为中心，利用数字技术随时捕捉全面全域信息感知消费需求，完成供需评估与即时互动，激发消费者潜在的消费需求，提供给消费者全渠道全天候无缝融合的消费体验及服务。

(3) 回归零售的本质，零售企业利润将主要来自于商品和服务的增值，而不再是信息差利润。中国传统零售业在发展过程中以商业地产租金、联营扣点方式赚取高额利润的方式将不可持续，借助新技术和新资源降低成本，尽可能为消费者提供差异化的满足个体需求和用户体验的商品及服务，才是零售发展的方向。

(4) 全供应链数字化，流通路径由复杂向简单转变，供应链前端更加柔性灵活，数据化管理为实现库存最优化乃至“零库存”提供精细的决策支持。供应链后端形成快速高效经济的新仓配一体化，供应链、交易交付链、服务链三链融合。部分供应链中间商职能产生转变和分化，成为新生态服务商。

——(引自阿里研究院《新零售研究报告》)

◎ 新零售不是 O2O

虽然对新零售持重视态度的人非常多，但是也有一部分人对新零售抱着怀疑的态度，认为所谓的新零售只不过是电商 O2O 的一个变种模式，所以只能算是模式的升级，而不是一种全新的模式。真的是这样吗？

马云在提出新零售时说："未来的 10 年、20 年，没有电子商务这一说，只有新零售。"从这句话中可以知道，马云对新零售的预测是未来将会取代或者合并电子商务。不过马云作为中国电商行业的领军人物，他更多是从互联网角度来谈论新零售。

如果我们结合马云在说完这句话，又给出了新零售线上线下和物流相结合的具体模式后，就会发现，对于整个零售行业来说，未来没有纯电子商务，也没有纯实体零售，只会有新零售。

这样听起来新零售似乎又和 O2O 有点类似，有些人认为新零售就是 O2O 换了一种说法，或者是 O2O 的同一种升级模式。但实际上并非如此。

在 O2O 模式中，虽然也是将线上和线下相结合，但其实两者之间还有着非常清晰的界限。

例如，消费者进入一家实体店铺购物，这属于是线下；通过扫描商品二维码了解商品具体信息，这属于线上；试用或者试穿商品属于线下；最后通过手机支付又回到了线上。

在整个购物过程中，虽然线上线下充分地结合在一起，但当时界限依然非常清晰。

而在新零售模式中，线上线下更确切地说是相融合，两者之间没有清晰的界限。

例如，阿里巴巴的"淘咖啡"，它集购物与餐饮于一体，没有店员也没有收银台。消费者进入店铺只需打开手机淘宝，扫描获得电子入场码，通过认证闸机就可以开始购物。

当消费者完成购物之后，可以拿着商品直接离开，货款将直接从手机中扣除。整个过程除了进入店铺时需要拿出手机扫码，其他步骤就像是进自己家拿东西然后离开一样。

实际上，在看似简单的线下购物过程背后，融合了移动互联网、人工智能、大数据等一系列技术，但这些是消费者无法直观感受到的。这就是线上和线下的深度融合。

此外，几乎所有线下的商家都面临这样一个问题：用户流量的限制。

每一个线下商家都知道门店所在商圈的优劣对自己有着非常大的影响。如果商家所在的商圈人流量非常低，那么无论商家做得再优秀，门店的流量也不可能超过商圈的人流量。而在这方面线上商家就有着巨大的优势：从理论上来说，线上商家的流量是没有限制的。

新零售线下商家提供了一个最好的思路：线下从线上要流量。

新零售通过将线上、线下流量相融合，打破了商家自己流量上限的限制，从而突破了自己的盈利瓶颈。

◎ 新零售的未来

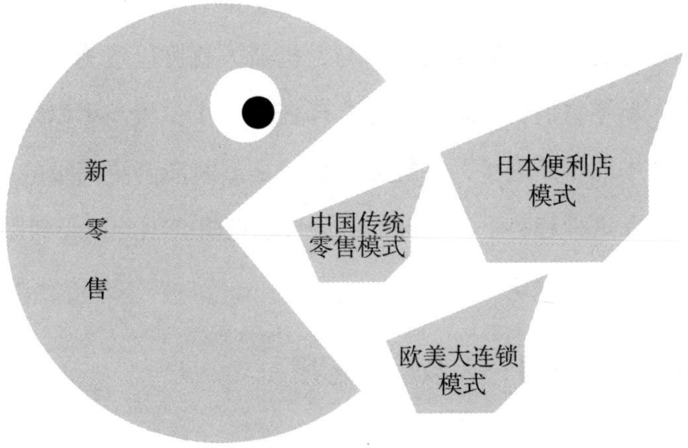

图 7－9　新零售帮助中国实现跨越式发展

新零售对于中国零售业来说是一个绝佳的机会，也是一个实现跨越式发展的契机。

与其他发达国家相比，中国的实体零售业在整体上还处于初级阶段。如与美国相比，美国在过去的200年时间里经历了工业化和信息化大变革，零售业才发展成如今的大流通格局。而中国的工业化和信息化同时出现在20世纪90年代，距今不过短短的20多年，零售业态也是虽然经历了几个阶段，但都是紧密地出现。中国零售业用了20多年时间就走完了美国用近200年才走完的道路，行业发展自然存在种种问题。也正因为如此，中国零售业整体只能算是初级阶段。

如果要对世界零售行业发展情况进行排名，日本的“便利店”式零售业可以排在首位，欧美的“大连锁”模式可以排在第2位，而中国目前的传统零售模式只能排在最后。不过，借助在中国快速发展的数据技术和互联网，中国零售业即将迎来新零售，这是一种目前世界上最为先进的零售模式，也是未来零售业发展的趋势。中国借助新零售就可以完成跨越式发展，进入最高级的零售阶段。

新零售不但会改变中国零售行业，更会给全球零售行业发展带来新的丰富的想象空间。从交易主体上来看，在新零售当中，任何人都有可能成为零售商，甚至交易都不需要人类参与，机器人就可以成为交易主体。从地域上来看，新零售消费场景可能是全球任何一个位置。可以想象，未来随着数字化技术的不断进步，零售交易必然是不断向着更高级的自动化和智能化发展，在这种趋势下，全球的经济形态都将会因此而受到影响。

新零售的独特优势：大数据的运用

◎ 大数据与零售业

大数据的概念是由数据科学家维克托·迈尔·舍恩伯格及肯尼斯·库克耶于2008年提出的，距今已有9年的时间。

在这 9 年里，互联网的崛起改变了时代的发展，伴随着云计算、“互联网 +”的快速发展，大数据开始被各个行业领域所重视，广泛地应用起来。而在这些应用大数据的行业领域当中，就包括零售业。

在大数据对零售业发挥作用的例子中，流传最广的应该就是沃尔玛的啤酒和尿布的经典案例。

在 20 年前，美国沃尔玛超市的一位管理人员在分析销售数据时，发现啤酒经常和尿布一起被结算这个有趣的现象。这位管理人员在稍微思考之后，便知道了其中的原因。

很多年轻爸爸都会到超市给孩子买尿布，而在买尿布的同时，年轻的爸爸则会顺便给自己买一些啤酒，这就导致啤酒经常会和尿布在一起结算。如果年轻的爸爸在商场中发现只能买到啤酒或者尿布当中的一样产品，那么他很可能会选择去另一家商场购买。发现这个现象之后，这位管理人员便在尿布旁边放上了啤酒，结果两种产品的销量都有了一定的提升。

大数据概念提出于 2008 年，也就是说啤酒与尿布的案例发生时，还没有大数据的概念，但是此时大数据已经开始在零售行业发挥作用。

如今，大数据随着互联网、云计算等技术的发展，对行业的影响早已不再局限于诸如“啤酒与尿布”等商品关联营销上，而是开始影响零售行业的方方面面。

事实上，在“大数据”一词出现之前，它就已经在深度影响着零售业。

例如，在日本的很多便利店中，收银台的收银机上都有标注客户性别以及年龄跨度的按键，这些按键就是为了给客户进行打标签。

当日后企业需要对企业的消费者进行消费行为分析时，这些客户的性别和年龄信息，以及客户购物篮中商品的信息就成为重要的分析信息来源。

零售店通过分析这些信息，继而推算出不同消费者的消费需求，为不同产品的消费者模糊地画像。

然而这种方式明显不够精确。一方面，消费者的性别收银员靠眼睛可以准确判断，但是年龄就无法准确通过眼睛判断；另一方面，虽然通过这种方式，零售企业可以得知不同消费者购买的商品，但是却无法知道这些消费者选择商品的过程。

例如，在某两个商品之间来回徘徊，或者原本将一个商品放进了购物篮内，最后却又因为一些原因放弃购买。

消费者为什么徘徊？什么使消费者放弃了购买？这些信息对于商家也十分重要，但这些却是传统的信息收集方法无法窥探到的秘密。而将线上线下和物流相结合，同时充分应用大数据的新零售在这方面就具有绝对的优势。

新零售非常着重强调大数据、人工智能等先进技术手段将会对零售行业起到推动作用，因此，在新零售模式中，大数据占有重要的地位。

◎ 从模糊画像到精确画像

在新零售模式中，企业可以得知消费者居住场所、上班场所、是否结婚、是否有孩子、对什么商品感兴趣、什么使得他们选择商品、什么又使得他们放弃商品等——大数据使“秘密”无所遁形。

商家通过这些信息就可以得到一个非常完整精确的客户画像，然后给客户推荐其可能喜欢或者需要的商品，让客户能够更加简单、便捷地购买商品。

◎ 借鉴：“无所不知”的亚马逊

作为互联网零售的先驱者，亚马逊一直都将用户数据放在一个非常重要的位置。在亚马逊看来，数据就是一切。

亚马逊拥有20亿注册账户，这些账户的所有数据加起来一共有10亿GB之多，亚马逊就充分利用了这些数据来建立顾客画像。如果现在我们打开一个亚马逊账户，就会发现大数据贯穿在整个账户之中。

例如，“愿望清单”和“为你推荐”功能，都是亚马逊经过分析顾客数据之后，向用户精准推荐其可能感兴趣的产品，同时也是为了向用户提供个性化购物体验。

又如“浏览历史”和“购买记录”等功能，这些就是亚马逊对用户数据收集的体现。

虽然这些功能看上去都非常简单，并没有什么特殊之处，但是亚马逊并不是只记录下这些数据那么简单，更重要的是对其进行严密的分析。

例如，“浏览历史”，亚马逊并不单单记录客户浏览过什么产品，而是会记录浏览途径、浏览深度、页面停留时间等信息，然后再分析客户是否真的对这个产品感兴趣。

又如“产品推荐”，亚马逊在向用户推荐产品之前，首先会分析用户之前的购买记录、浏览记录、商品趋势、购买类似产品用户的选择等数据，然后通过复杂的计算才会向用户推荐，并且亚马逊的计算方法还在不断地改进中。

另外，所有企业都明白价格优化对于零售有多么重要，所以企业都费尽心思地想要给商品制定出一个最优的价格。亚马逊也十分关注商品价格的制定，并且充分运用大数据来确保自己可以制定出最优价格。

亚马逊的价格计算数据体系包括用户浏览轨迹、商品库存、其他商家制定的价格、历史销售记录、商品利润等。为了确保自己的价格最有竞争力，亚马逊对商品价格的调整周期仅为 10 分钟。也就是说，亚马逊会每 10 分钟就重新确认自己产品的价格是否为最优价格，如果不是就会立刻做出调整。

亚马逊利用大数据所做的一切都是为了提高用户的购物体验，不过还有一项对用户体验有重要影响的因素：物流体系。大多数用户在购买之后都希望尽早地拿到商品，即使他们本身并不是急需这件商品，如果订单无法按时完成，用户的购物体验将会大打折扣，亚马逊在这一方面也充分利用了大数据系统。

亚马逊一直和供应商保持联系，同时有着一套完善的库存查询系统。当用户购买商品之后，亚马逊会通过大数据系统来选择配送供应商，挑选最合适的仓库配送，确定具体配送日期。这种做法大大降低了物流运输的成本。

在世界范围内，目前在大数据这一层面做得最好的企业就是亚马逊。在中国范围内，阿里巴巴的淘宝则是做得最好的企业。阿里巴巴将这方面的优势充分利用起来，应用到线下，继而提高未来零售企业的整体效率。

提高整体效率，正是所有企业最终追求的目标。

例如，滴滴打车的出现提高了司机和乘客之间的效率：司机不用盲目地四处寻找乘客，乘客也不需要傻傻地站在原地等待过往的空车。

又如美团外卖提高了餐厅和食客之间的效率：餐厅是无法移动的，只能凭借广告招牌吸引周围的食客，其辐射范围非常小，食客也不需要因为想要吃饭就必须离开家门或者公司，去周围的大街上寻找理想的餐厅。

效率的提升不但方便了消费者，也让企业能够赚取更多的利润，这是一个双赢的结果。

例如，在新零售模式当中，不同实体门店之间将会进行信息共享，其中就包含各自的消费者信息，在大数据的帮助下，零售企业则可以利用这些信息去构建精准用户画像。

同时，实体门店又通过共享信息实现了闲置资源的利用，这同样需要大数据的参与。

精准信息的获取与应用，是新零售无可取代的独特优势。

新零售更符合当下消费升级的需求

◎ 消费者需求的金字塔

著名心理学家马斯洛将人类的需求分为生理需求、安全需求、社交需求、尊重需求和自我实现需求 5 种，依次是由低层级到高层级。

人处于不同需求当中，无论是想法还是消费习惯，都会有所不同。因此，根据马斯洛需求层级理论，我们可以将不同层级消费者的需求也划分为 5 个层级，这 5 个层级分别是：

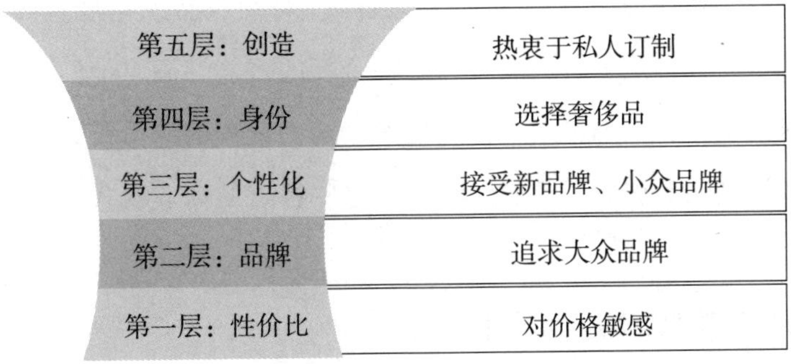

图 7－10　消费者需求层级

第一层：对商品价格敏感，一切以节省为主，对品牌无要求。

第二层：在商品选择上以方便快捷为考量标准，对一些大众品牌更为偏爱。

第三层：开始追求产品的个性化需求，更热衷于尝试新品牌、小众品牌。

第四层：对产品的选择开始考虑自己身份的需求，所以，奢侈品开始进入这部分人的视野内。

第五层：已经不满足于购买产品，而希望自己创造产品，因此，这部分消费者更愿意接受私人定制。

◎ 中国大众消费者的需求层级

了解了消费者需求层次的金字塔，接下来我们来看中国消费者普遍处于哪个位置。

随着中国社会生活水平的提高，大多数人已经脱离了马斯洛需求理论中的生理需求和安全需求，处于需求层次理论的第三层次：社交需求。

相对应地，消费者的需求也处于消费需求金字塔的第三层：追求个性化的需求，热衷于尝试新品牌和小众品牌。因此，如今的消费者在选择商品时，首先会关注商品是否能够满足自己的个性化需求，尤其是年轻消费者。

他们对于传统营销手段并不“感冒”，对大众品牌也没有什么兴趣，甚至对传统商业模式有所厌烦。当一种全新的、能够满足他们个性化需求的，同时又结合当下先进人工智能技术以及大数据的商业模式出现时，这些消费者立刻就会被吸引。而同时具有这些特点的商业模式，就是新零售模式。

◎ 从关注“需要”到关注“想要”

在电商时代，零售企业关注更多的是消费者需要的是什么，然后在消费者需要的产品上多花费精力和时间，希望以此来获得更高的销量。在新零售到来之后，零售企业需要关注的不仅是消费者需要什么，还需要关注消费者想要什么。

很多时候消费者并不会直接告诉商家自己想要什么，可能有时消费者自己都不知道想要的商品，但是消费者确实存在对想要商品的需求，因此，商家就需要自己去发现消费者想要什么，新零售就能够帮助商家发现消费者想要什么，这也是新零售和传统电商相比的一大优势。

当商家知道消费者想要什么之后，接下来需要做的就是将商品推荐给消费者，从而完成从“需要”到关注“想要”的转变，让数据成为新的消费驱动力。

◎ 新零售同时还解决了线上转线下的核心问题：配送

现在消费者的地位越来越高，对商家的要求也不断升级，其中就包括配送时效性。而电商增长已遇天花板，想要继续增长只能向线下发展。此时，摆在众多电商企业面前的一大难题就是配送时效性。

什么是新零售？

笔者曾经听过这样一句半玩笑话——有线下店，通过线上买东西（更快地）送到家，就是新零售。

根据这句话，我们也不难看出，配送是新零售的关键点之一。

线上企业发展线下，配送的时间保持在2小时以内才是理想的情况。然而过去的电商企业配送时间通常以天为单位计算，即使是像京东这样自建有物流配送体系的电商巨头，最快送货时间也只能是上午购买，下午或者晚上送到。显然这也不是一个理想的配送时间。

如何提高配送时间就成为众多电商所头疼的问题。而新零售通过大数据、共享经济、人工智能等一系列手段的配合，充分利用了过去一直在被浪费的闲置资源，解决了配送时间的问题，同时赋予了实体零售门店新的职能，这也满足了消费者不断升级的消费需求。

为新零售量身打造的实体微商

◎ 微商做新零售的先天优势

科技的发展改变了消费者很多的消费习惯，对于微商来说，关系最为密切的改变就是移动智能终端的完全普及。

“双十一”作为中国乃至全世界规模最大的电商购物节，从它的数据中可以得到很多信息。例如，2016年“双十一”活动中，移动端占比高达81.87%，这充分说明中国已经进入了移动互联网时代，消费者的消费习惯由此被彻底改变。

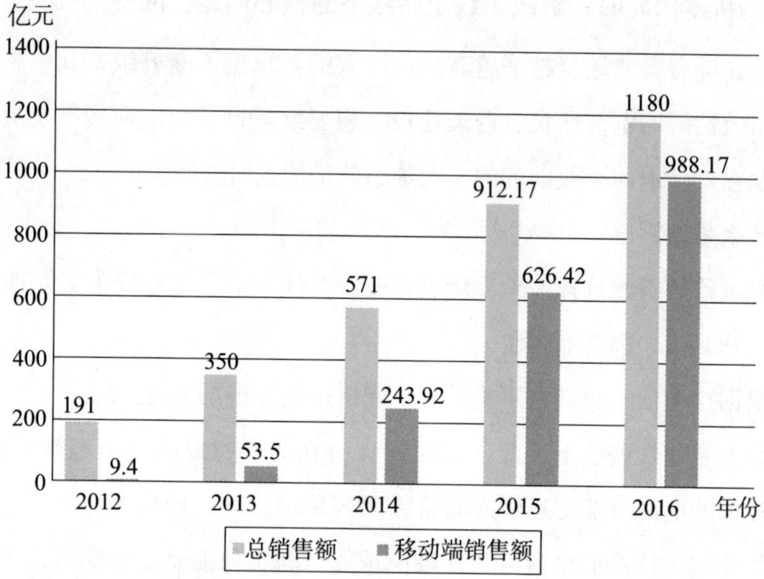

图7-11　2012—2016年天猫“双十一”活动销售数据

一方面，虽然中国智能手机爆炸式普及是在2013年，但是如今手机早已经成为生活中的必需品，无论是工作、生活都必须有智能手机的参与，也正是这一点促进了微商的发展。

另一方面，现在中国的大城市当中，恐怕已经很难找到一个不支持移动支付的商家，大街小巷里的任何一个购物场所几乎都可以使用移动支付。相关数据显示，在中国便利店里，现金支付占比如今只有11%，移动支付则高达67%。

上面的信息告诉我们，中国消费者现在已经完全习惯了使用手机去购物和消费。而根据如今科技的发展趋势，在未来很长一段时间里，智能手机都在我们的生活、工作中充当了极为重要的角色。

并且通过各种APP应用，智能手机也成为商家获取消费者数据的重要途径，数据在整个新零售当中占据了核心的位置。因此，未来新零售的主战场必然是在手机上。

众所周知，微商原本就是在移动互联网和智能手机基础上出现的一种商业模式，营销推广活动主要也是在移动互联网上展开。因此，在新零售当中，微商具有先天的优势。

◎ 微商做新零售的线上优势

在过去的电商时代，绝大多数消费者在选择商品时，都是通过搜索或者导航的方式去寻找。例如，消费者想要购买衣服，就会直接在电商品牌上搜索服装，或者通过平台导航栏去进入服装类目，慢慢进行挑选。

在这种大环境下，能够做得比较好的零售企业只有3种：大众品牌；名气较高的品牌；以及有优秀的运营团队，愿意用钱去购买流量的企业，这需要建立在企业有一定实力的基础上。

当商家对消费者进行分类时，更多地会根据消费者所挑选的产品品类进行分类，显然，这是用商品品类对消费者进行划分，也就是“物群”。而在以移动互联网为基础的新零售当中，零售企业在划分消费者类别建立群时，更多则是以“人”进行划分。

例如，以兴趣爱好建立的社群，群成员会喜欢同样一件事物；以同事为关系的社群，群成员会关注同一个行业、同一个专业领域。

一个人可以同时属于多个社群，同时他对商品的需求也分为多种。此时，以“人”进行划分的社群就可以成为商家们信息共享的平台，多个商家可以共享同一个群，从中寻找潜在客户，并进行转化。这种做法可以有效降低用户获取的成本，提高企业效率。

例如，过去传统的营销依靠着流量和转化率，其公式为：流量×转化率×客单价×复购率=交易额。

流量来自于广告营销的投入：淘宝的广告、京东的打广告、电视广告等，转化率由促销来提升，复购率则由企业的积分等活动和服务来决定。

这几个环节中，有一个环节不到位，企业业绩就不可能做得好。

但是新零售的社群优势在哪儿呢？

在新零售时代，企业可以社群为核心，以会员制为导向，低成本迅速地展开营销，获取用户，有时这种获取的成本甚至可以趋近于零。

企业如果能够从用户需求出发来组织销售，品牌甚至可以直接对接粉丝，都不需要渠道，粉丝会主动找上品牌。这降低的是渠道成本，是新零售时代的特殊红利。

最近有个非常生动的例子，我国明星鹿晗签约欧舒丹，直接引起了欧舒丹股票的上涨。而作为国民偶像的鹿晗，其号召力也是非同凡响的，欧舒丹围绕鹿晗打造了一整套营销方案，进入天猫可以看到鹿晗与欧舒丹品牌的良好结合，同时欧舒丹还组织“鹿晗 & 欧舒丹”的粉丝见面会，自然获取了大量鹿晗粉丝的支持。

这就完成了鹿晗粉丝这个社群，与欧舒丹粉丝社群的完美合并。

看到这里，相信很多人都已经发现这种以人进行划分的社群就是微商最基本的一种营销方式。自从微商脱离了单纯的朋友圈刷屏，进入社群时代，这种社群营销的方式就一直被微商使用，大多数微商对此都已经驾轻就熟。

因此，微商在新零售线上营销推广方面就有了基础优势，这也让微商更加适应新零售的模式。

新零售不仅会改变零售企业，也会改变消费者。

首先，在新零售模式中，消费者的自我意识开始不断增强。虽然电商和微商的出现，已经让消费者的自我意识开始觉醒，但是新零售将会彻底激活消费者的自我意识。这也意味着未来消费者的消费习惯将会变得不确定，过去的营销手段也将失去作用。

其次，在人工智能和大数据的作用下，零售企业对消费者信息的掌握越来越详细，营销推荐也越来越个性化、精准化。当消费者习惯这种个性化、精准化以后，对商品的选择将会变得更加挑剔，更加看重满足自己的个性化需求。

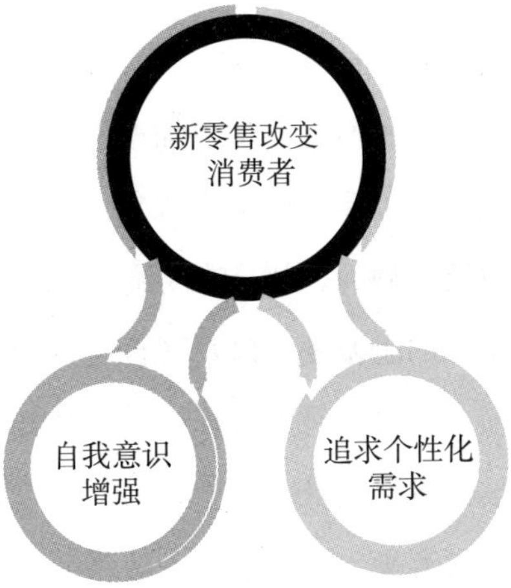

图7-12 新零售改变消费者

毫无疑问，新零售的一切都是围绕消费者展开的，企业之间的竞争也将围绕获得消费者的认可而展开。在这种情况下，消费者对企业的忠诚度将会不断下降，企业要想维持消费者的忠诚度，就需要寻找其他的方法。

新零售会改变消费者，但对企业的影响将更大。

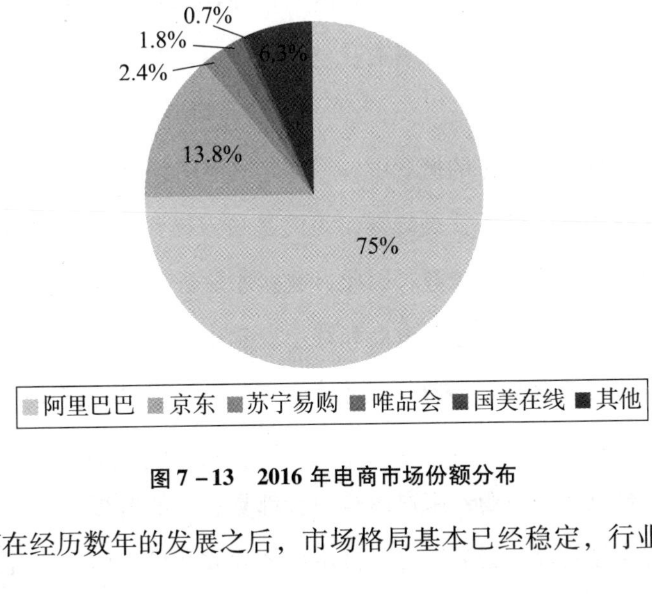

图7-13 2016年电商市场份额分布

电商在经历数年的发展之后，市场格局基本已经稳定，行业巨头们占据了大部分市场，留给中小企业的发展空间已经非常少，从2016年电商市场份额分布的数据中就能明显地看到这一点。

在未来新零售当中，这种情况显然更加严重，并且行业巨头将会牢牢控制住对于零售企业来说至关重要的平台流量，中小企业不可能直接和行业巨头进行对抗，所以能够做的，就是改变流量获取方式。

面对消费者日益下降的忠诚度，以及平台流量被行业巨头牢牢把控的局面，摆在零售企业面前的只有两个选择：一个是花钱从行业巨头手中购买流量，另一个是自己去吸引流量。

从行业巨头手中购买流量，无疑这种方法是最让企业轻松的，但是其成本却是非常高的。仔细回忆一下电商的发展历程，就会发现电商获客成本的增长速度有多快。同时花钱从平台购买流量也只会让企业成为巨头们的附属。显然，这并不是最好的选择。

所以，能够让零售企业走的，只剩下一条道路：自己去吸引流量。因此，在未来新零售当中，同时开展线上＋线下经营活动、充分挖掘流量的实体微商，成为大多数零售企业必然的选择。

◎ 线上微商＋线下实体，就是微商新零售的基础模式

传统微商在做新零售方面具有优势，但这并不代表传统微商就适合做新零售。

在马云所提到新零售的概念中，“线上线下同物流相结合”是非常重要的一点，连接这三者的就是数据，无论是马云提到的大数据还是人工智能，最终也都是在为数据服务，因此，数据才是新零售的核心。

然而传统微商虽然在移动电商和线上营销上有一定的优势，但是却缺少新零售最关键的核心“数据”。同时马云在对新零售的描述中还强调了一点，就是用户体验。

对于平台电商和微商，用户体验一直都是它们的短板。但是新零售趋势已经非常明显：以数据为核心，将用户体验放在最重要的位置。如果零

售企业无法为用户带来良好的体验，就无法进入新零售。种种迹象都表明，传统的纯平台电商和传统只做线上的微商已经无法适应未来的零售市场。

无论是从线上线下和物流相结合的角度考虑；还是从用户数据获取的上来考虑；或者是从提供良好用户体验上进行思考；又或者是从马云所说的“未来十年将没有纯电商”这一说，微商想要适应未来的零售市场，成功转型新零售，线下实体门店都是不可或缺的。

此时，我们就会发现以传统线上微商 + 线下实体门店为模式的实体微商，正是未来新零售基础模式的一种。因此，对于现如今的传统微商企业，想要对接新零售，转型成为实体微商将是他们唯一的选择，也是必须要走的一步。

7.2 为什么是新零售：当传统电商和实体门店同时触及天花板

电商现状：红利逐渐消失，增长逐年放缓

从出现时间来看，电商并不是什么新鲜事物，早在20世纪90年代电商就已经存在。然而在中国，电商真正崛起，对实体零售业形成威胁是从2010年开始。但是电商经过短短几年的高速发展，已经被众多消费者接受。

如今线上购物已经成为一件既方便又容易的事情，因此现在很多消费者都已经适应了电商购物，放弃了去实体店铺的习惯。并且在服装行业还出现了这样一种现象：消费者去实体店铺试穿衣服，觉得合适再通过线上方式去购物，实体门店仅仅是消费者的试衣间，并且这种现象已经非常普遍。

在消费者群体当中，年轻人对网购的依赖程度非常高。

在过去20年当中，互联网的高速发展让所有人都瞠目结舌，它改变了所有人的生活。而随着互联网的发展，电商也随之出现，并且在近10年时间里以极快的速度成长。

在大众的印象中，电商似乎依然风头正劲。但是在这背后却是电商行

业的严重两极分化，阿里巴巴毫无疑问地坐稳了电商行业的头把交椅，而大多数的中小型电商企业则在这股浪潮中苦苦挣扎。虽然根据预测未来几年内电商还将持续大幅增长，但是和几年前相比，增长速度已经大大放缓。与此同时，互联网人口红利正在消失也是一个不争的事实，主流市场份额已经被各大电商瓜分，这也造成电商的入行门槛越来越高。

这一切都在表明电商已经不再是最具活力的朝阳产业，其增长开始逐渐触及天花板。即使像阿里巴巴、京东等这样的电商巨头也出现了增长乏力的态势，需要寻找新的增长突破口。

为更方便读者了解线上电商模式在中国发展的情况，笔者找到过去6年中国网络零售总额增长幅度进行对比，见表7－1。

表7－1　过去6年中国网络零售总额数据增长

年份	中国网络零售总额/亿元	同比增长/%
2011	7500	—
2012	13200	64.7
2013	18000	42.8
2014	28000	49.7
2015	38285	35.7
2016	51600	26.2

从数据中我们不难看出，虽然线上网络零售一直都保持增长的态势，但是显然，增长的速度正在逐年下降。即使我们不看网络零售的总量，只看单个网络零售巨头企业的数据，如阿里巴巴和京东商城，这两家企业都是中国电商行业的巨头——就会发现两家企业最近两年的总交易额增长也呈现下滑的态势。

种种迹象都在告诉我们，中国电商的红利已经消失，未来零售业必须要寻找新的出路。

◎ 当电商红利逐渐消失后

历史上的每一次变革，都是从旧模式的风光不再开始的：如果旧的模式运行良好，企业都能依靠旧模式赚取理想的利润，那么新的模式也就没必要出现了。毕竟尝试一种新的模式是需要成本的。之所以现在新零售如此受到关注，最为重要的原因就是旧的模式已经出现了问题。

线上的道路走不通，似乎只能去线下寻找出路。

然而实体行业的现状又是如何呢？

实体现状：内忧外患夹击，传统门店生存困难

我们再来看线下实体模式。

线下实体模式不景气已经是众所周知的事情。

为什么存在已久的传统实体门店，在短短10年当中就被电商冲击到难以生存的地步？

这和互联网与移动互联网的崛起有密切关系；和阿里巴巴、京东等行业巨头对电商的推动和促进也有关系；同时和传统实体门店本身数量过剩、无法跟上时代变化也有关系，也和不断攀升的运营成本有关系。在这几方面因素的共同作用下，电商以摧枯拉朽之势推倒了一大批传统实体门店。

不过，如果将电商的崛起看作实体门店不断下滑的唯一原因，这种看法就显得有些片面。电商虽然冲击了实体零售业，但这并不是实体零售业不景气的唯一原因。

一方面，全球经济增速进入了放缓阶段，因此消费者消费水平增速也在不断放缓，这也对零售业造成了一定的影响；另一方面，随着时代的发展和科技的进步，消费者的消费习惯和商品零售模式都在不断发生变化，销售渠道也变得更加多元化（并不仅限于电商），一些无法及时做出调整的实体零售企业也因此受到冲击，这也是实体零售业出现下滑的一个重要原因。

根据《2016—2017年中国百货行业发展报告》显示，虽然在2016年

下半年实体零售业出现了一些好的态势，但是从整个行业来看，市场形势依然非常不容乐观。面对行业危机，众多实体零售企业只能采取关店的方式来应对，并且这股“关店潮”已经持续了很长一段时间。

根据中国连锁经营协会提供的信息显示，中国实体零售业在2000年之后，整体门店数量每年都在快速地增长。然而这股增长的趋势到了2010年之后便戛然而止，实体零售业的危机也就是在这一年出现。

在此之后，“业绩下滑、持续关店”就成为行业的常见现象。

实际上，我们不去看各种分析报告，只从自己的观察中同样能够发现实体零售行业的问题所在。无论是在购物中心还是在百货商场，过去一到节假日就“爆满”的景象已经很难看见，并且如今有很多顾客选择去实体门店更多是为了逛街，而不是为了购买。

在过去的10年当中，传统实体零售一直都在和电商进行艰难对抗，但我们从世界知名的传统零售企业近10年的变化中就可以明显看出，电商在对抗中占据优势地位。例如，希尔斯百货、梅西百货、诺德斯特龙百货等，这些曾经的传统零售巨头都在这场对抗中遭到重创，市值和10年前相比都大幅缩水，只有多次全球500强企业第一的沃尔玛受到的影响较小，仅下跌了1%。

与这些传统零售巨头的境况相比，电商巨头亚马逊则和它们形成了鲜明的对比。亚马逊成立于1995年，和成立动辄几十年甚至上百年的传统零售巨头相比，它还只能算是一个阅历疏浅的年轻企业。但是在最近10年时间里，亚马逊的市值由175亿美元增长到了4300亿美元，增长了24倍之多。

即使是增长如此迅速的沃尔玛，如今的市值也仅为2190亿美元，仅有电商企业亚马逊的一半。

在中国，正如我们在前言中所说的，正爆发大规模的关店潮：根据不完全统计，2016年46家中国主要超市、百货零售企业一共关闭门店185家，其中大型超市门店关闭129家，百货和购物中心关闭56家。这一数据只统计了主要大型零售企业的公开数据，所以实际零售企业关闭实体门店的数量要远超过上面的统计数据。

为什么实体行业如今举步维艰，除了电商的冲击这一直接原因之外，还有一些电商自身的原因，总结起来包括以下几点：

◎ **行业生命周期影响**

在这个世界上每种生物都有自己的生命周期，这个周期根据物种的不同或长或短，但是没有一种生物能够从中脱离，行业其实也是如此。每个行业也有自己的生命周期，当一个行业出现时就是它生命周期的开始，而随着时间的推移，一个行业最终将会完全退出社会经济活动，这也就是行业生命周期的终点。

实体零售业出现的时间现在已经无法考证，不过，在中国实体零售业的鼎盛时期距离现在并没有多久，整个阶段是从20世纪90年代到2010年。在这20年当中，中国实体零售也发展非常迅速，众多零售企业从中看到了机遇，四处开设门店，抢占市场份额。与此同时，房地产市场的兴起也让零售企业看到了配套的机遇，这更加刺激了零售企业对开设实体门店的热情。因为根据过去的经验，这些零售企业知道只要开设了门店就可以赚钱，不存在亏损的问题。

在这种错误认识的影响下，零售企业开始进入了以门店数量至上的盲目扩张阶段。因此，在这一阶段开设的门店大都缺少细致的规划，更不用说对消费者购物体验的考虑，此时的零售企业大多数都没有这个概念。

盲目扩张的结果就是实体门店数量众多，并且高度雷同。例如，在当初沈阳市中心位置，就有大量的实体门店，其总面积高达千万平方米，人均零售商业面积已经追上了欧洲发达国家的水平。但实际上呢？这里的大多数实体门店都处于亏损状态。

现在零售业的下滑其实并不代表该行业进入了衰退期，而是进入了成熟期。在行业疯狂发展的成长期中，很多零售企业虽然存在种种问题，但是受到行业整体形势的影响，企业依然能够顺利发展。但是当行业进入成熟期开始平稳发展之后，市场竞争逐渐激烈，那些本身存在问题的企业就开始陷入困境，最终被市场所淘汰。

◎ 供求关系变化影响

二十世纪八九十年代，中国经济虽然在不断增长发展，但是相对于如今来说，物质资源还是比较匮乏，留给消费者的选择也不是很多，所以在供求关系中卖方占据了主导地位。然而随着经济的发展，如今无论是从物质资源上还是消费者的选择上，和过去相比都有了质的飞跃，因此供求关系中消费者占据了主导地位，开始对商家提出了各种需求，迫使零售行业进行变革。而那些无法适应变革的零售企业自然变得举步维艰，最后被消费者淘汰。

在卖方占据主导地位的时代，消费者能够做出的选择非常少，因此即使消费者对商家并不满意，但是没有其他可以选择，只能被动接受。但是随着时代和经济的发展，消费者的选择变多，同时随着生活水平的提高，消费者对于商家的要求也开始逐渐变高，此时市场就进入了买方市场。

在买方市场当中，消费者对于商家的要求并不仅仅局限在商品价格低和质量上，消费者还格外关注自己的购物体验、个性化需求。只能能够满足消费者这些新需求的实体门店才能在市场中具有竞争力，不过如今的事实证明，相当一部分实体门店并不能满足消费者的这些新需求，因此丧失了市场竞争力。

◎ 成本提高、利润降低影响

随着经济发展和生活水平的提高，实体店铺的经营成本也在不断上升，最为明显的就是店铺租金和人员费用。如果在过去，商家可以利用信息不对称提高商品价格，让消费者来负担。但是互联网的出现让信息获取变得非常简单，现如今大多数商品的价格已经十分透明，利润不断减少，此时简单地提高商品价格已经不可行。因此当实体门店的经营陷入困境之后，裁员和关店就成为必然。

实际上，如今实体门店面对激烈的市场竞争，依然可以通过提高商品价格的方式来提高利润，减轻经营压力，但是提高商品价格并不是简单更换商品价签就可以，而是给消费者创造额外的价值，让消费者心甘情愿地花高价钱购买商品，如满足消费者的个性化需求，提供更好的购物体验，等等。

◎ 落后的模式影响

在吸引消费者方面，过去实体商家最为有效的方法就是进行“降价”促销活动，通常这种方法都可以吸引大量的消费者。但是在如今信息透明的时代，消费者很容易算清楚商家的促销活动是否真的降价，所以这种方法的效果已经大不如前。

在宣传方面，还有相当一部分的实体门店还是紧抱宣传海报不放，因为在过去，实体门店宣传只需要在店门口挂上海报就可以完成，剩下的就是坐等消费者进店购买。而在如今的互联网信息时代，这种宣传方式很明显已经落伍，起不到太大的作用。如今互联网和各种社会化媒体工具才是最有效的宣传方式，如微信、微博等。

所以实体门店模式落后也是行业下滑、关店潮持续的一个重要原因，但这也是行业升级所做出的选择：如果不顺应潮流做出改变，就会被行业淘汰。

传统实体门店已经难以生存，并且伴随着新零售的出现，未来这股寒潮必然会愈演愈烈。

纯线上和纯线下的路都走不通，这就是摆在如今零售企业面前的事实，也是企业必须开始尝试新零售模式的根本原因。

实体不会灭绝，只会进化

◎ 时代呼唤新型实体店

在过去几年中，电商的出现毫无疑问让众多实体门店生存变得越发艰难，在几年前电商的高速增长时期，无数人都开始唱衰实体门店，似乎实体门店会消失是早晚的事情，这也让很多人都忽略了实体门店存在的价值和意义。

事实上，无论是现今的中国范围内还是世界范围内，实体门店仍然具备不可替代性。根据 2016 年的实体销售占中国社会消费品零售总额的 85.05% 这一数据来看，实体门店依然拥有其重要的价值和作用，而对于消费者来说，实体门店消费也依然是其消费的主要方式。

通过对线上和线下两种模式的分析，我们很容易就发现这两种方式在如今的市场环境中，都已触及天花板，并且这种情况是时代和市场发展所导致的，不是简单做出局部调整或者改革就可以改变的。

但是实体店现今的不景气，绝不意味着实体门店的“灭绝”，只是目前实体模式需要“进化”。

在未来几十年当中，无论电商行业如何发展，实体门店依然是大多数消费者所依赖的消费方式，也是众多零售商家的根基所在。

但是这里我们所说的实体门店，绝不是传统意义上一成不变的实体门店，如果实体门店一直维持现状坚持传统模式，过去几年的实体行业所受到的冲击已经让我们提前知道了传统实体门店在未来的下场。

这时，根据时代发展做出相应调整的新型实体门店就应运而生了——融合了线上和线下、融合了大数据与新技术、以消费为核心驱动的新型实体店。同时，实体门店的功能将不仅限于商品销售，还可以成为分拣中心、配送中心、用户体验中心等。

这就是融合了线下和线下、电商和实体的新零售。

当电商的发展触及天花板，传统零售实体门店已经难以生存，时代呼唤新时代的实体店——在多重现实的作用下，注定未来将会有一种可以带动零售企业突破瓶颈的新模式出现，这种新模式就是马云所说的新零售。

我们可以将马云提出的新零售当成是零售行业改革开始的又一次号角，而改革就意味着企业会因为种种原因改变失败，黯然退场，将市场让给后来者；有的企业的会抱着“随大溜”的心态亦步亦趋，始终在市场边缘徘徊，稍有不慎就会被淘汰出局；最后还有少部分企业会抓住新零售的机会，迅速做出反应，成为零售行业中的佼佼者。

◎ 实体门店的最终形态：身兼数职、无所不能的实体店

一直以来，电商都和实体零售保持着密切的联系，电商行业的发展也和实体零售的发展息息相关。这一点可以从以下两个方面看出来。

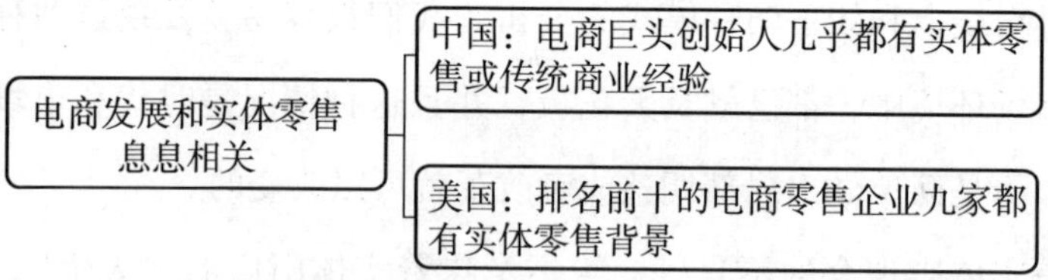

图7－14　电商发展和实体零售息息相关

如今的电商虽然经过几年发展规模已经十分庞大，但是行业巨头屈指可数。如果我们去了解这些行业巨头创始人的背景，就会发现他们或多或少都有实体零售经历或者传统商业经历。

我们再将视线放到美国零售业，在美国网络零售企业排行榜前十的企业当中，只有亚马逊是没有实体背景的纯电商企业，其他九家都有实体零售背景。

现如今，电商的增长速度已经逐步放缓，这意味着电商红利已经消失，已经有相当多的电商零售企业意识到了这一点，开始寻求新的增长途径。不过无论最终这些企业采用的模式是什么，有一点是这些企业都认同的：实体零售门店仍然是主战场。

因此，电商实际上从一开始就和实体零售有着密切的关系。只不过在电商迅速发展扩张的时期，电商红利的存在掩盖了这一事实，让很多纯电商企业同样发展顺利。然而如今电商红利已经消失，纯电商企业将会面临巨大生存挑战，只有和实体零售门店相结合，才能更好地适应未来市场环境。

只有线上线下和物流相结合，才是真正的新零售。根据这条标准，我们再来看当今零售商家的发展趋势，就会发现很多商家早已开始布局自己的“新零售”计划。

例如，大家所熟知的美团，如果我们用心观察，就会发现美团通过自营或者投资的方式，已经初步完成了一整条生态链企业的布局。从最上游的进货方，到中间餐饮商家的管理，再到最后配送到用户手中，美团在这条生态链中的所有环节都有参与。

实际上美团的这种做法就是在搭建餐饮业中底层系统，最中间完成整条产业链的布局。我们可以想象一下，美团从最上游的进货环节到最下游配送到消费者手中的环境都已经控制起来，并且对两者之间的所有环节都有把控。参与进入美团这条生态链的所有商家，其实都可以看作加入美团的服务商，代替美团直接面对用户。

从美团的布局中我们就可以看出未来新零售的最终形态——未来每家实体门店都会承载多种功能，既都拥有销售能力（销售中心），可以成为用户体验中心，还是一个零售商业生态链中的库房，同时也是线上销售的区域分拣中心。

未来方向：新零售促使企业朝五个方向改变

马云在 2017 年的中国绿公司年会上说：“未来新零售将对传统零售业造成巨大的冲击，淘汰一大批传统零售企业，就像十几年电子商务对传统商业模式的冲击一样。”

所以，新零售促使企业必须做出适应时代的转变，否则只能倒下。

那么企业应该如何改变？这要从五个方面进行。

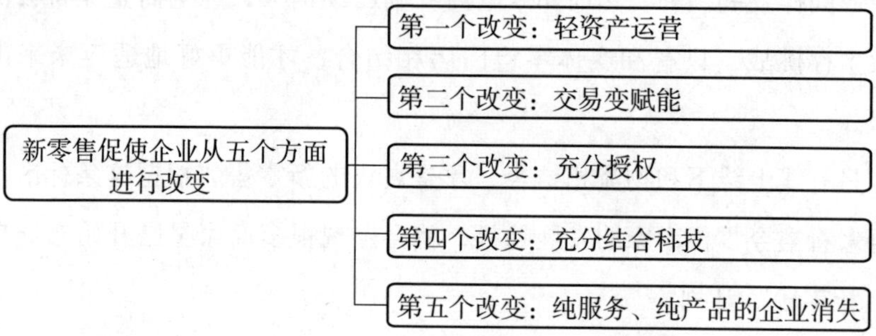

图7－15　新零售督促企业从五个方面进行改变

◎ 第一个改变：轻资产运营

对于传统零售企业来说，开设新门店快速抢占市场是提高企业盈利的最好方式，但是在已经进入实体零售业严冬的今天，这种做法只会增加企业的负担。同时，盲目进行扩张很容易给零售企业带来高库存的风险，其中最为典型的就是服装零售业。

不过，在服装零售业普遍哀鸿遍野的情况下，有一家企业不但没有被影响，反而还保持了增长。这家服装零售企业就是海澜之家。

海澜之家：轻资产运营

传统服装零售行业正在经历严冬已经是众所周知的事情，而国民男装海澜之家在其中却算是另类。2016年，海澜之家市值达到600多亿元，全年营收169.99亿元，同比增长7.39%，净利润达到31.22亿元。在服装零售行业整体不景气的情况下，能够拥有这样的成绩，实在是一个不错的成绩。

一直以来，海澜之家本身所提供的都是品牌管理、营销管理、供应链管理等品牌核心业务，其他非核心都由上下游企业去负责。在这种模式下，海澜之家成功地把参与生态链的所有企业打造成了一个利益共同体，同时让自己成为一个共享经济平台，将各方面资源整合起来，从而形成了一个服装行业的生态产业链。

我们将海澜之家和众多正在经历严冬的传统服装零售企业的经营模式相比，就会发现它具有 3 个非常明显的特点：轻资产、零库存和重运营。

一直以来，海澜之家都不会直接参与服装设计、生产、运输等环节。服装设计是由上游供应商来进行，供应商在制定出设计方案后，再由海澜之家的设计师进行筛选，最后确认订单，生产商进行生产。这样一来，海澜之家自身经营成本大大降低，同时也不需要规模庞大的设计团队、重资产的生产厂房和设备。

高库存一直以来都是众多服装零售企业头疼的问题，最为典型的例子就是美特斯邦威所面临的高库存危机。因此，海澜之家和生产供应商签订了保证自己零库存的协议：两个销售季没有售出的商品，海澜之家将会退回生产商，或者从生产商二次进货，然后进行折扣销售处理，并且海澜之家还同供应商签订有赊销协议，因此从财务角度来看，海澜之家实现了零库存运营。

轻资产运营要求零售企业只保留核心业务，其他全部外包。海澜之家的核心业务就是品牌的经营，所以在经营这方面，海澜之家非常重视品牌经营。

加盟商加入海澜之家后，获得了门店的所有权，但是海澜之家会外派店长对门店进行管理和经营。对于加盟商来说这种做法也非常有好处，因为外派店长可以帮助他们对门店进行管理，这就避免了因为加盟商对门店经营能力或者行业认识不足而造成损失。

海澜之家使用的就是轻资产运营的模式，没有自己的物流，没有自己的工厂，将非核心业务全部外包。保证自己零库存，同时实现零供应链成本。这其实就是对现代物流进行深度融合的一种方式，也是新零售要求零售企业做出的转变。

对于微商来说同样如此，和传统商业模式相比，微商在轻资产运营层面有着先天优势。融合了线上和线下的实体微商，相对于其他模式更有利于轻资产运营，能有效为企业减轻负担。

◎ 第二个改变：交易变赋能

新零售将会重塑零售业的业态结构和生态圈，成为一个 B2B 的共享经济平台。因此，在新零售模式中，零售企业必须让自己从传统交易型组织中脱离出来，改变为赋能型的组织，去重新构建业态结构和生态圈。

一个实体零售门店，无论它的经营产品品类是什么，采用什么样的经营模式和经营理念，这些都改变不了它是一个平台型企业的本质，起到最主要的作用就是连接多变市场。

在新零售模式当中，虽然零售门店的“平台”本质没有改变，但是零售门店将会被赋予功能，成为一个共享经济的平台。

如果我们仔细观察市场动态，就会发现无论是在实体行业还是互联网行业，只要行业是共享经济模式，就会出现至少一家被投资界所看好的独角兽企业，并且随着共享经济的规模越来越大，加入共享经济的企业也在不断增加，这就意味着共享经济将会成为未来企业发展的一个方向，也是未来新零售的一个发展方向。

企业只有学会玩转共享经济，才能实现向新零售的转型。

个体都是自私的，这是人类的排他性特质，加入共享经济需要企业改变自私这一排他性特质，这并不是一件容易的事情。然而新零售的出现让这种改变容易了许多。

任何一家企业的最终目标都是利润最大化，这是企业不可改变的本质。但是在新零售共享经济当中，每个企业依然是在追求利润最大化，不过利用线上线下和物流相融合的模式，“利他”成为企业实现利润最大化的最优途径，这就为共享经济的发展扫清了障碍。

如今已经有不少零售企业开始向共享经济发展，其中日本的 7 – Eleven

就非常具有代表性，它的这种模式也是新零售所提倡的。

在日本，参与到 7-Eleven 所构建起来的商业生态链人数达到了 40 万之多，但是其中大多数参与者并不属于 7-Eleven，而是生产制造商、门店加盟商、物流配送人员，等等。真正直属于 7-Eleven 的只有 8000 人而已。

但就是这 8000 人在 2016 年为 7-Eleven 赚取了接近百亿元人民币的利润，并且还是在如今这样一个全球实体零售业都非常不景气的环境下。这是一个让大多数人都感到惊讶的数据，帮助 7-Eleven 达到这一数据的就是共享经济。

我们仔细分析 7-Eleven 的经营模式，就会发现 7-Eleven 在整个商业生态链中，除了起到连接的作用，更为重要的是还起到了信息交换共享中心的作用。7-Eleven 利用和大数据，将过去那些没有被利用的碎片化资源进行整理，然后再匹配适合的过去被忽视的碎片化需求，实现了资源的最大化利用，同时也让企业实现了利润最大化。

◎ 第三个改变：充分授权

新零售模式要求零售企业能够玩转共享经济，还要求企业轻资产运营。这就意味着零售企业需要进行大量的合作。合作的企业越多，零售企业自身的精力分散得就越严重，很容易因为人力或者精力不足而出现纰漏。

此时，零售企业就需要学会充分授权给合作的企业，将主要的人力和精力都投入到核心业务中。

◎ 第四个改变：充分结合科技

在如今这个时代，“科技改变生活”绝对不是一句空话，并且我们每个人都是科技的受益者，时刻都能感受到科技对我们生活产生的影响。科技能够改变生活，同样也能够改变行业。

如今科技已经成为行业发展的重要推动力量之一，在零售业当中也是如此。新零售所注重的，是运用大数据、人工智能等科技的力量，对商品的生产、流通与销售过程进行升级改造。因此，在未来新零售模式中，科技必然占据重要地位，引导零售行业的发展。

◎ **第五个改变：纯“服务型商家”和纯“产品型商家”消失**

对于过去所有线下经营的商家，我们根据其向客户提供价值的类型不同，可以分为两个大类：提供服务和提供产品。

不同的类型决定了商家提供价值的销售单位不同，服务型商家的销售单位通常是时间，提供的服务大都没有统一的标准，属于非标化。而产品型商家的销售单位通常是产品的个数，产品有大致的统一标准，属于标准化。

例如，健身房、网络会所等，这些都是典型的服务型商家，他们所提供的服务也都是以时间为单位。而手机店铺、服装店铺等，这些就是典型的产品商家，他们提供的产品都是以个数为单位计算。

在互联网和移动互联网崛起之后，线下产品型商家受到的打击最为明显，因为产品型商家大部分提供的都是标准产品，消费者在线上还是线下购买就产品本身而言没有太大的区别。但从购买途径来看，毫无疑问，线上有着明显的优势，因此线下产品型商家就会受到消费者的冷落。如此进行对比，服务型商家受到互联网和移动互联网崛起的影响相对较小。

所以如今众多线下产品型商家都在强调“用户体验”的概念。用户体验实际上就是给自己的产品型零售的模式中加入服务的元素，让标准化的产品拥有非标的属性，以此来吸引用户在线下消费。

在这方面线下产品型商家又拥有了线上商家所不具备的优势：用户可以和产品近距离接触。所以线下产品型商家爱更容易让用户拥有更舒适的体验，并且更容易和用户进行互动，拉近商家和用户之间的关系，在用户心中营造出一个良好的品牌形象。

线下服务型商家和线下产品商家相比虽然受到互联网的影响较小，但是也存在一个瓶颈：销售时间的天花板非常低，难以扩量。众多线下服务型商家也意识到了这一点，如今这些商家为了解决这一问题，也开始思考推出标准化的产品。

这时我们就会发现产品型商家最终需要获取的是流量，而服务型商家需要获取的是增长。在这两种需求的推动下，我们不难看出未来新零售必然会让服务型商家和产品型商家之的界限逐渐淡化，这也是未来新零售的一大特点：服务和产品相结合。

对于所有线下商家来说，其盈利无非和几个因素相关联：店内流量，成交转化率、客单价和利润率。

前面我们说过，无论是单产品商家还是单服务商家在未来新零售当中都难以立足，所以在新零售中商家需要做的就是将服务和产品相结合。

未来趋势：数字化门店与人工智能

数字化门店是未来新零售门店的一大趋势，也是构建新零售模式的核心元素之一。

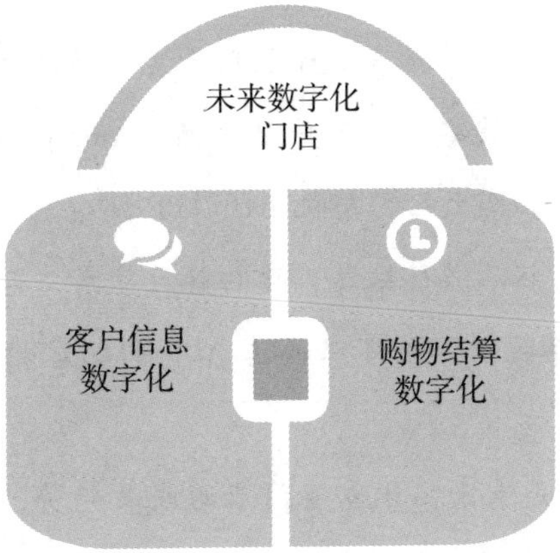

图 7－16　未来数字化门店

这里需要说明一点，数字化门店并不是说只将店内商品数字化那么简单。

消费者愿意在线下实体门店购物就是为了能够直接体验产品，未来的数字化门店，将实现客户信息数字化和购物结算数字化，这两个数字化的实现才能够直接带动消费者体验的飞升。

亚马逊的“黑科技”：Amazon Go

就在全球实体零售门店叫苦不迭的今天，作为电商零售的领军企业在2016年底竟然在美国西雅图开了一家实体门店——Amazon Go，这一做法让无数人大跌眼镜。不过，当我们详细了解了Amazon Go之后，就会发现这是一次实体门店的革命。

Amazon Go初看上去和普通便利店没有什么区别，店内商品俱全，除普通日用杂货之外，也有大多数便利店都提供的零食和点心。不过仔细观察就会发现Amazon Go中没有一个售货员和收银员，这就是Amazon Go的革命性所在。

顾客在Amazon Go中购物只需要拿起需要的商品，然后转身离开就可以，不需要排队、不需要等待、不需要结账，因为一切都在手机APP中完成。当顾客携带手机进入Amazon Go之后，手机中的APP自动开始启动，并且在Amazon Go中有一个精准定位识别系统，通过这个系统，顾客到过哪里、看过什么商品，最终拿走了什么商品，Amazon Go都非常清楚。顾客挑选好商品离开便利店之后，手机中的APP就会自动跳出账单，显示顾客购买了什么产品，然后进行结算，购物就此完成。此时Amazon Go也获得了顾客购物的准确数据，还可以通过APP向顾客精准推送可能需求的产品。

Amazon Go其实是未来实体零售门店的发展趋势，也是新零售对未来实体门店的要求。亚马逊虽然没有提出新零售的概念，但是它已经敏锐地意识到了这一点，意识到未来零售业纯电商将难以为继，一切只有将线上、线下相结合，在实体门店中加入人工智能，零售企业才能存活下去，这个观点和马云的新零售概念不谋而合。

就在 2017 年 7 月 8 日，阿里巴巴的黑科技新零售门店“淘咖啡”也正式上线，在大众面前亮相。

◎ 无人零售店“淘咖啡”亮相淘宝“造物节”①

2017 年 7 月 8 日上午，阿里巴巴集团 CEO 张勇在现场敲钟，宣布奇市江湖开幕。在他看来，作为内容生产平台及消费类媒体的淘宝，将会帮助更多原创性达人、内容型商家成长，不仅满足消费者当前的需求，还要帮助消费者发现需求，打发时间，找到乐趣，释放自己的创新和创造力。

“淘宝已经走在内容化、社区化和智能化的路上，它不再是个货架，最重要的功能是发现和推荐，是创造用户需求。”张勇说，淘宝需要一个带领时代的超级 IP，所以便有了“淘宝造物节”。

造物节就是要个性、创意，能打中心灵最柔软的地方，张勇说：“造物节这个范儿不能丢，要坚持 5 年、10 年。”

据悉，2017 年淘宝造物节上最受关注的是无人零售店——“淘咖啡”。这次由阿里巴巴首次公开亮相的“无人零售店”，200 平方米的面积可以容纳 50 人同时在店购物。

记者体验发现，消费者需打开手机淘宝扫描特定二维码并点击授权，拿着新生成的二维码在闸机处扫一扫方可进店。

进店后，无须再拿手机，专心购买即可。在点餐区，记者对服务员说“我要一杯热拿铁”，与此同时，所需商品会迅速被语音识别系统捕捉并显示到记者面前的屏幕上。“确认支付吗?”回答“确认”，相应款项便会从支付宝账户中扣除。

据了解，“淘咖啡”背后，是蚂蚁金服的物联网支付技术。蚂蚁金服相关负责人告诉记者，“进门扫一扫一是绑定身份，二是授权小额代扣。每种无人零售店进店前都有一个授权和绑定行为，这样才能把人变成一个移动的 ID”。

---

① 资料来源：法制晚报，2017－07－09.

张勇表示："淘咖啡会让新零售行业发生前所未有的变化，我们一直在做新零售这个事情，我很有信心，全世界对此都有共识。这里一定会出现新一代的零售商、多样形态的零售商，有些是完全新的，有些是原来的零售商，但是他们拥抱变化、数字技术和未来。"

◎ 人工智能的应用

一直以来，消费者信息的获取都是实体零售门店的短板所在，零售企业很难通过实体门店获得太多有用的信息。对于零售企业来说，掌握消费者对产品的喜好程度是非常重要的信息，并且新零售模式需要零售企业掌握这些信息，此时人工智能的加入就可以帮助零售企业解决这个问题。

Farfetch 是一个非常有名的奢侈品零售平台，就在 2017 年 4 月，Farfetch 在伦敦设计博物馆举办的 FarfetchOS 全球顶尖奢侈品科技时尚盛会上宣布了自己的"未来商店"计划。

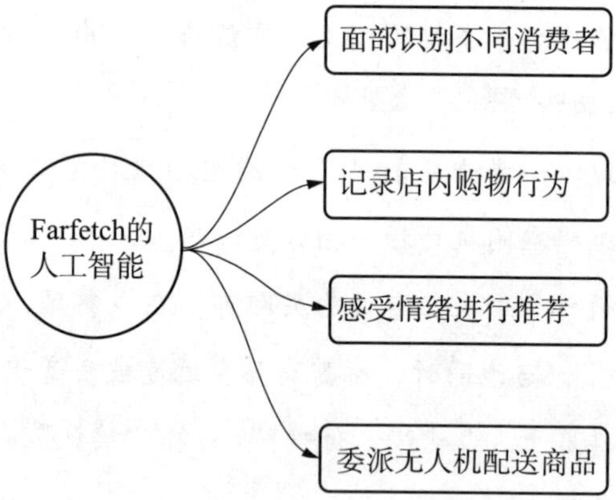

图 7－17　Farfetch 的人工智能

根据这个计划，未来 Farfetch 的线下门店不会有服务人员，只有机器人。这些机器人拥有面部识别技术，可以轻松识别出不同的消费者，然后记录下他们在店内的所有购物行为，如消费者在门店里的哪些商品前做了停留，停留的时间多久，试用了哪些商品。这些机器人还能够通过面部表情去感受消费者当前的情绪，然后通过对情绪的分析为消费者推荐最为适合的商品。当消费者在完成购物之后，不方便带走商品，人工智能还可以委派无人机承担配送的工作。

从Farfetch的“未来之店”计划中，人工智能在实体门店中得到了充分的利用，整个模式可以很明显地看到新零售的影子，而Farfetch对门店整体的构想和阿里开业不久的“淘咖啡”也非常类似。

未来，就像Farfetch设想的那样，人工智能将在实体门店中大展身手，覆盖消费者购物流程的每个阶段，在每个阶段发挥作用。

我们需要意识到，虽然如今实体门店举步维艰，但是未来实体门店仍然将会在市场中占据主导地位，而这一切都离不开大数据和人工智能的参与。

7.3 实体微商做好新零售的三个关键

拥抱大数据：通过数据获得顾客精准需求

◎ 通过数据获得顾客精准需求

现在的消费者，从来都不缺少选择，反而会因为选择过多而变得迷茫、困惑。一个人的时间是有限的，精力也是有限的，过多的选择让消费者变得审美疲劳：雷同的产品、雷同的朋友圈营销、雷同的软文推广……这些并不是消费者真正想要的。

其实企业同样知道这一点，就像在广告圈流传非常广的那句话：我知道我的广告费浪费了一半，但却不知道是哪一半。

不知道是哪一半浪费了就无法做出有针对性的改进，企业只能硬着头皮继续营销继续浪费，然后将浪费的部分计入自己的成本当中，降低企业的效率。

对实体微商而言，将顾客需求放在中心，通过提供个性化服务提高顾客体验，进行有针对性的全渠道营销推广，才是正确的道路，也是提高企业效率的方法。

无论是“分析顾客需求”，还是“一切服务都围绕顾客需求展开”

“让服务更加个性化、有针对性”，这些都围绕同一个核心：获得精准的顾客需求。

但是如果无法获得精准的顾客数据，那“以消费者需求为中心”就没有了意义。

如果做不到这一点，新零售也就无从谈起。

◎ 从“被动粗放”到“主动精准”

对于顾客需求的信息获取，大数据的出现能够让企业由过去的“被动粗放”向新零售的“主动精准”转变。

用主动精准的方式运营，可以快速抢占顾客资源，以顾客想要的方式推荐他想要的商品，帮助顾客在海量的选择当中，找到适合自己的商品，这将极大地提高顾客的购物体验，也将提高顾客的转化率。

主动精准的方式还能极大地提高微商企业的运营效率。企业不用再漫无目的地进行营销推广，变为有针对性地向顾客推荐商品，这大大节省了企业的金钱、人力和时间的成本，继而提高企业运营的效率。

◎ 企业获得精准顾客需求的方法

企业想要获得精准顾客需求并不是一件容易的事情，它需要大量资源的投入，并且还要进行相当复杂的准备工作，只有这样才能保证取得的效果。

要获得精准顾客需求，我们需要一套强大的处理数据系统，能够对数量庞大的顾客信息以及消费行为进行记录和分析。我们假设一家企业拥有100万用户，每个用户有100条信息需要记录，那么一共就有上亿条信息需要系统去记录分析。显然，这个工作量是巨大的，这也是为什么新零售需要大数据支持的原因。

大数据贯穿在整个新零售模式当中，也是精准获取顾客需求的关键。获取和分析数据的能力决定了我们能否顺利做好新零售。

精准获取顾客需求的前提是拥有一套完善的大数据处理系统：通过线

上线下的途径获取顾客信息和消费行为数据，其中有的数据可以直接获取，有的数据则需要经过计算才可以获得。然后利用获得的数据去分析每个顾客的消费特征，根据特征获取精准的顾客需求。我们以皮鞋的目标顾客为例，精准的顾客需求信息应该包括皮鞋款式、颜色、尺码、价格、购买频率、特殊喜好等。最后再根据以上信息建立顾客开发任务表，有针对性地开发顾客。

要完成这一系列工作主要通过三个步骤：

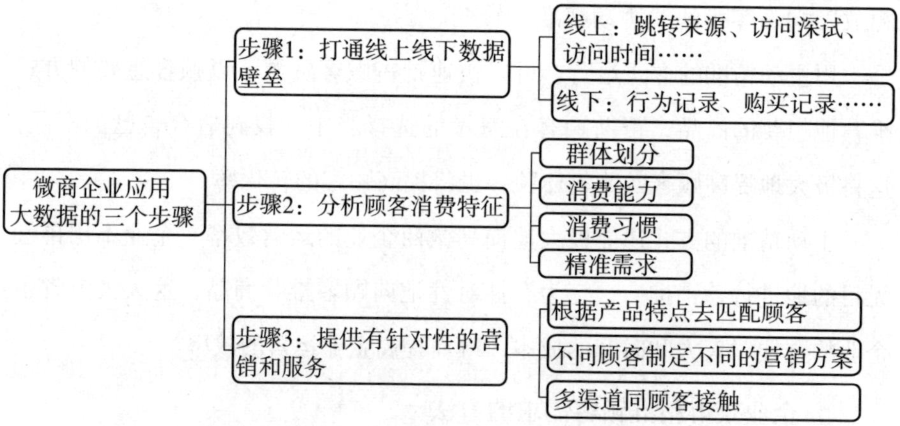

图7-18　微商企业应用大数据的三个步骤

1. 打通线上线下数据流通的环节

获取数据的关键是要能够使线上和线下的数据流通和融合。

在新零售当中，顾客数据一部分是通过线上获得，如顾客跳转来源、注册信息、访问时间、访问深度、访问页面等，还有一部分是通过线下获得，如消费者在实体店挑选商品的行为特征、消费习惯等。

目前，线上数据获取技术已经非常成熟，而线下信息的获取则要依靠人工智能发挥作用，虽然涉及新技术，但是如今这种技术也已经比较成熟。

所以对于同时开展线上线下工作的实体微商企业来说，往往在顾客数据的获取上并没有太多障碍，最大的障碍在于如何消除线上和线下之间的壁垒，做到无论在任何时间、任何地点、顾客采用任何方式，企业都能够随时调用顾客的所有数据，及时提供个性化服务和营销。

这就要求企业打通线上、线下所有数据流通的环节，让数据能够实现实时交互。

2. 分析顾客消费特征

企业通过线上和线下两种途径获得的顾客数据只是初始数据，这些数据规模庞大，必须经过处理和分析，才能将这些数据变为可以利用的指标，从而对顾客进行群体划分，掌握其消费者能力、消费习惯。最后再通过综合分析，得到精准的顾客需求。

3. 利用掌握的信息提供针对性营销和个性化服务

获得顾客的精准需求后，接下来就是利用这些信息最大限度地挖掘顾客价值。

企业需要根据实际情况，每天需要生成顾客价值开发任务表，然后完成任务表上的任务。例如，当企业有新品投入市场，这一段时间的任务就是根据新产品的卖点，去匹配高价值的顾客，再根据每个高价值顾客具体情况的不同，通过公式进行计算，生成相应的营销方案。

在执行营销方案时，微商企业要善于利用多种渠道和顾客进行接触。要明白，虽然微商企业是以微信基础平台，但微信并不是唯一沟通接触等工具。企业还可以利用QQ、短信、APP等方式，将营销信息推送给顾客，促进顾客购买商品。

服务为王：建设“以人为本的服务”

马云对新零售有一个定义：“以人为本，从用户体验、用户需求出发，基于大数据的数据驱动决策。”在这个定义中，“以人为本”被放在了首位，引起了很多人的关注。

其实“以人为本”并不是什么新鲜的口号，有无数的企业喊出来过，但是真正能够做到这一点的企业却非常少，在微商企业里更是如此。

在过去，微商行业发展过快，同时缺乏有效监管，众多微商很少有服务的意识，更不用说提供“以人为本的服务”，但是随着微商行业不断地发展和规范，实体微商模式的逐渐盛行，以及未来新零售模式的需要，如今已经有很多企业意识到服务的重要性，开始着手打造自己“以人为本”的服务。

那么企业作为商品和服务的提供者，究竟应该如何做，才能真正为消费者带来以人为本的服务呢？

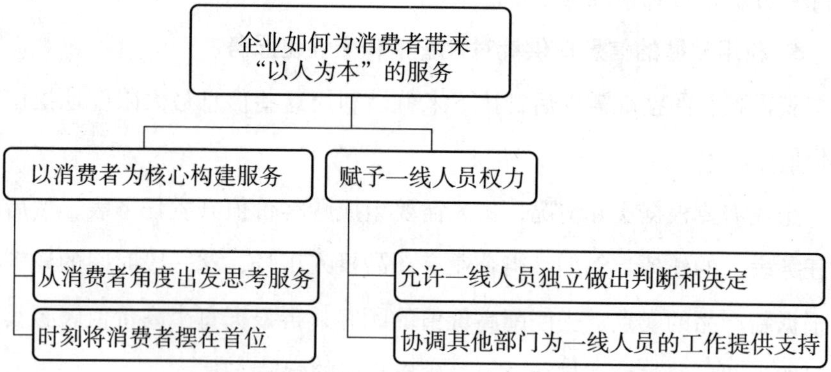

图 7－19　如何为消费者带来“以人为本”的服务

这需要从以下两方面做起：

1. 真正做到以消费者为核心构建服务

以人为本的真正核心，是一切从消费者的角度出发，为消费者提供最佳体验。但是在实际经营当中，大多数企业并不是从消费者角度来思考服务，而是从成本的角度来看待服务，提供的所有服务都是从节省成本来考虑，这就很难做到提供人性化的服务。

一部分企业在建立企业文化时，会将“一切以消费者为中心”也加入其中，以此让企业所有员工将这一点牢牢地记在心中，指导企业的发展。但是这里有一个前提，就是不能和自己的利益相冲突。这样的微商企业就无法真正做到一切以消费者为中心，也无法提供以人为本的服务。

所以，判断微商企业是否真正能做到一切以消费者为中心，能够提供真正以人为本的服务，就要看当消费者需求和企业利益发生冲突时，企业会采用什么样的方式去解决。

在未来的新零售模式中，服务永远是第一位的，微商企业一切以消费者为中心的服务就是最有效的宣传方式，其次才是营销推广。

2. 赋予一线人员权力

很多人通过微商购买产品遇到问题需要售后服务时，都曾有过这样的经历：

和微商客服联系上之后，客服都不会立刻帮助自己解决问题。大多数情况下他们唯一做的就是将客户所说的记录下来，然后告诉客户自己：会和领导汇报，请耐心等待消息。

之后就是漫长的等待。

一些客户在经过漫长等待后，往往期间多次催促之后，才得到客服的回复结果。

但是，如果客户对这个解决方式不满意，就需要再次等待：因为客服需要再次汇报。部分无良微商企业甚至将这当作拖延的方式，通过不停的传话拖延，最终让客户放弃，从而逃避应该承担的售后责任。

在这个过程中，客服实际上只起到一个“高级传话筒”的作用，只在客户和管理者之间进行传话。这并不代表企业没有以消费者为核心展开服务，也不代表一线客服人员不重视消费者，造成这一切的很可能只是因为在这个企业中，一线人员手中没有任何权力。

一直以来，客服都是处在企业最前方的一线员工，他们也是和消费者接触最多的人。但是这个职位同时又是被企业视为毫无技术含量、级别很低的职位，与此同时，企业把售后工作当作不得不付出的成本。

这就是为什么客户无论是需要售后工作，还是需要联系客服，都得不到很好的体验的原因。要提升顾客的体验，首先就要意识到售后工作对企业的重要性，以及客服工作对企业的重要性。

对于微商来说，必须把客服作为企业的第一宣传平台来对待，客服的一言一行都代表着企业，所以我们必须对客服这一职位加以重视，同时赋予客服必要的权力。

和其他微商模式相比，实体微商在服务上已经具备天然优势：因为企业有实体做基础，本身已经有了完整的服务体系和制度，不需要重新去构建。

唯一需要改变的，就是赋予一线客服人员一定的权力，允许其能够独立做出判断和决定，而不是任何事情都要进行汇报，成为一个“高级传话筒”。同时企业还要协调其他部门为一线人员的工作提供支持，让客服人员在必要的时候可以邀请其他部门配合自己一起解决客户的问题。

举一个非常常见的例子：如今大多数微商都是通过第三方快递运输货物，因此，货物因为快递损坏的情况就十分常见。

当客户收到已经损坏的货物后，必然会第一时间和商家联系，通常商家的做法就是先让客户提供照片等证据，核实是否真是因为快递运输所损坏，然后再帮助客户解决这个问题。

而有的微商面对这种情况，直接就帮助客户解决问题，不需要让客户拍照核实，也不需要让客户等待客服汇报领导，就这样直接解决了。

相比较之下，自然是第二种方式更让客户满意。

当然，这种不核实就直接帮助客户解决问题的方式会给微商带来一定的风险，我们可以将这种风险也看作是一种成本。

但是，虽然这种处理方式让微商的成本提高，换取的是绝大多数客户对微商的服务非常满意，因为客户用了最短的时间解决了问题，同时也感受到了商家对自己的信任和尊重。这种感觉会让客户很容易就成为微商的忠实粉丝，并且还可能帮助微商进行口碑传播。这样比较下来，多支出的成本就显得微不足道了。

回归零售本质：产品＋体验＋效率

◎ 消费者真正的需求是什么

无论是旧零售时代，还是新零售时代，不变的始终是消费者的需求。

当我们站在消费者的角度来思考这个问题，就会发现消费者最关心的永远是这三个要素：产品、价格和体验。

结合这三个消费者所关心的因素，我们对过去的零售模式进行划分，就可以得到两种最为常见的模式：

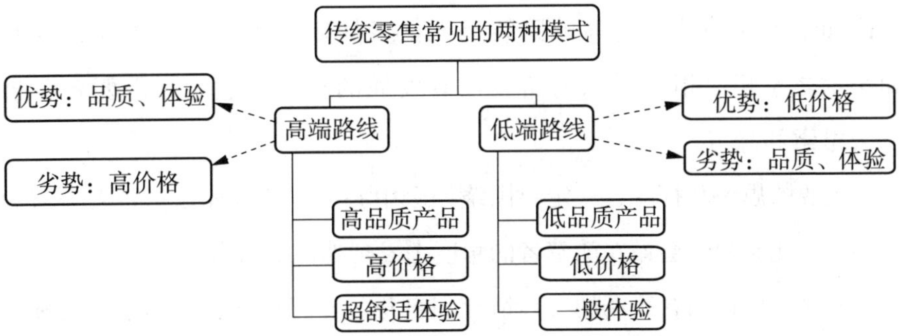

图 7－20　传统零售常见的两种模式

高端路线：高品质产品＋高价格＋超舒适体验；

低端路线：低品质产品＋低价格＋一般体验。

这两种模式各有各的优势和缺陷。如高端路线中，价格是永远的痛点，虽然消费者希望获得高品质产品和舒适的购物体验，但是高价格却让很多消费者望而却步。低端路线正好相反，低价格是其最大的优势，但是相对较低品质的产品和一般化的购物体验却是其痛点所在。

在过去，这两种路线泾渭分明，其消费者也绝不重叠，所以这两种路线的企业和实体店都能够生存得不错。但是，新零售的出现将打破这一微妙的平衡。

现在看来，未来新零售必然是一种更优质的路线：高品质产品＋低价格＋超舒适购物体验的结合。

实际上现在已经有企业开始了这种路线，这就是在前面提到的小米之家，它生产的永远是同类产品中相对优质的产品，同时模仿苹果零售店打造优质舒适的购物体验，但是在价格上却没有模仿苹果零售店走高端化路线，而是以高性价比为特点。这就是为什么小米之家能够迅速崛起的原因。

当然，任何一种模式都不能生搬硬套到自己的企业使用，而是要对模式进行思考，思考应用到自己企业上是否有可以改进的余地。例如，小米之家在笔者看来就是一种非常好的新零售模式，但这绝不代表诸如苹果这种纯粹的高端路线是无法发展新零售的，也不代表一些和小米之家相比相对低端的路线没有发展的空间。这些都需要企业自己去思索和探寻。

企业的思考和探寻，一定要围绕一个中心：一切都要以消费者需求为中心。企业必须学会站在消费者的角度去发现他们的需求。

同时，应该结合市场的实际情况和自身的实际情况，而不是仅从理论上想当然地去思考。

例如，当市场竞争非常激烈的时候，企业就必须根据自身实力来思考未来的发展规划。因为竞争激烈就代表着企业需要非常强大的实力才能立足于市场。一个初创企业就想要直接在一线城市试水无人门店，想要和阿里巴巴、亚马逊等巨头竞争，其结果可想而知。

◎ 新零售的核心仍然是零售

新零售融合了很多新想法、新技术，但是它的本质仍然是零售。是零售就脱离不了零售的三个核心：产品、体验和效率。

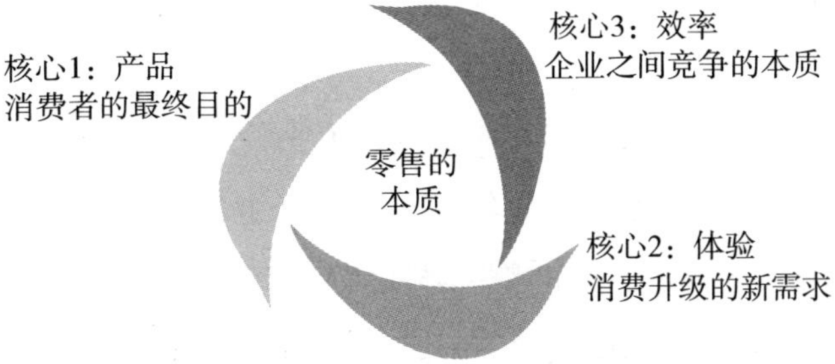

图 7－21 零售的本质

1. 产品

在零售活动中，消费者最终的目的是购买到产品（或者服务）。无论企业采用多么新颖的营销模式，提供多么舒适的购物体验，如果提供的产品无法达到消费者的预期，那么一切都没有意义。

2. 体验

在如今这个物质资源丰富、生产力过剩的时代，市场主导权早已从企业手中移交到消费者手中。这就使得企业之间的竞争变得越发激烈，如今，仅靠产品优势和价格优势已经并不能完全获取消费者的青睐，于是企业便把竞争的重点转向购物体验。

对于新零售来说，体验更是灵魂所在。在未来，谁能提供最好的体验，谁就能取得最终的胜利。

3. 效率

效率的竞争是企业之间的本质竞争，对于零售企业也是如此。

在过去中国零售业快速发展的阶段，企业只要开设新门店就可以带来盈利，这种繁荣的景象让很多零售企业忽视了效率，只重视规模。大多数企业的思路是：一家门店每年能够盈利 100 万元，那开 100 家门店每年就能够盈利 1 亿元，但却没有意识到盲目地进行扩张其实是在降低企业的效率。

如今，零售行业整体面临转型升级，实体门店闭店潮就此到来，庞大的成本让当初那些盲目扩张的企业苦不堪言，忽视效率的企业最终为此付出了代价。

显然，在未来的新零售模式中，零售企业不可能再采用过去的规模扩张方式，讲究轻资产运营的新零售将会比以往过去任何一种零售模式更加注重效率，只有效率足够高的零售企业才能拥有足够的竞争力。

◎ 回归零售的三个核心

新零售是一种全新的零售模式，其模式本身对消费者有一定的吸引力。例如，新零售中的新技术、带来的新体验就是一个吸引消费者的因素。但是企业必须考虑清楚：当消费者对新技术开始失去新鲜感之后，还有什么可以留住消费者呢？这就需要回到零售的“三个核心”上。

因为消费者也许会出于对模式中的新技术、新体验感到好奇，从而想要进行尝试。但是消费者消费的最终目的是购买产品，而购买产品体验如何、产品本身质量如何、企业效率如何等因素才关系到企业的根本竞争力，这也是企业无论使用什么样的零售模式，都必须要去思考的问题。